**Viele \**

Lernen und Glück
Das Gehirn
Welcher Lerntyp bist du?
Lerntipps ... allgemein:

| | |
|---|---|
| Die 3-Fächer-Lernbox | 15 |
| Das Lernen mit der Lernkartei | 17 |
| Wie man noch besser lernt | 19 |
| Lernkärtchen selbst verfassen | 20 |
| Du lernst lieber mit einem Partner? | 31 |
| Wissen vernetzen, besser lernen | 34 |
| Die GRIPSpakete für Klasse 1 bis 10 | 36 |
| Die Ähnlichkeitshemmung | 37 |
| Lerntipps ... konkret | 38 |
| Die 3 wichtigen Kämpfe | 40 |
| Lernen mit Computer und Internet | 41 |
| Keiner kann mehr lesen | 43 |
| Das Internet-Studium | 45 |
| Alle meine Lernboxen | 46 |
| Lernkarten für Schüler/innen (D, M, E) | 51 |
| Liebe Eltern ... | 75 |
| Lernkarten für Eltern (Konzentration) | 79 |
| Liebe Kollegin, lieber Kollege ... | 85 |
| Lernkarten für Lehrer/innen (Barrierefrei kommunizieren) | 95 |
| Liebe Azubinen, liebe Azubis ... | 101 |
| Lernkarten für Azubis (Tipps: Prüfungsangst; Finanzen) | 105 |
| Liebe Kollegen, Kolleginnen im Businessbereich | 113 |
| Lernkarten für Businessleute (E-Mail-Marketing; SEM) | 119 |
| ... und die Lehrerseele spannt ... | 127 |

# Lernen und Glück

Du bist das letzte Glied einer seit 3,5 Milliarden Jahren ununterbrochenen Kette ausnahmslos erfolgreicher Vorfahren, die so klug, schnell, stark, gewalttätig, anpassungsfähig oder sozial waren, dass sie sich fortpflanzen konnten, bevor sie vom Bären gefressen oder in einem unsinnigen Streit erschlagen wurden.

Hätte auch nur einer deiner Ururur...ahnen sich nicht klug verhalten, hätte z. B. nicht gelernt, was es bedeutet, einen roten Pilz mit weißen Flecken zu essen, wäre er gestorben und hätte keine Kinder bekommen - und du wärst nicht da!

Ein ganz unwahrscheinliches und wunderbares Glück.

Und das verpflichtet - du solltest dich genauso intelligent verhalten.

### Und was sagen die Forscher?

Glücklich ist man, wenn man sich in einem Flow-Zustand befindet. Dann ist man konzentriert, entrückt, setzt seine Fähigkeiten voll ein, sieht den Erfolg seiner Arbeit wachsen. Das kann beim Bergsteigen sein, beim Fensterputzen, beim Hausaufgaben-Machen, beim Theaterspielen und so weiter. Wichtig ist, dass die Tätigkeit, die man ausübt, einen fordert, aber nicht überfordert!

Lehrer kennen dieses Gefühl nach einer erfolgreichen Unterrichtsstunde, wenn Schüler wirklich begriffen haben,

Schüler kennen dieses Gefühl, wenn sie eine schwierige Aufgabe bewältigt oder sich einen komplizierten Sachverhalt endlich gemerkt haben.

# Das Gehirn

Der Neurochirug Wilder Penfield veröffentliche vor langer Zeit eine Art Gehirnatlas.

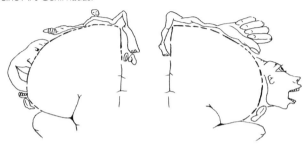

Die verschiedenen Körperteile nehmen auf der Oberfläche des Großhirns verschiedene Zonen ein, die nichts mit der Größe des Körperteils zu tun haben. Beispielsweise die Finger-Enden oder die Lippen und die Zunge oder die Fußsohlen nehmen einen sehr viel größeren Raum im Gehirn ein, als es ihrer Größe entspricht.

In unserem Gehirn gibt es auch eine Spezialisierung – und diese verändert sich je nach Gebrauch; häufig benutzte Areale sind besser ausgebildet als vernachlässigte. Der Hirnforscher Prof. Dr. Dr. Spitzer hat das etwa so beschrieben:

Schaut man an einem Wintermorgen von einem Hochhausfenster auf einen verschneiten Park, sieht man nur eine weiße Fläche - aber schon nach wenigen Stunden sieht man genau, welche Wege häufig, welche selten oder nie benutzt werden. Genauso ist das beim Gehirn.

Auf dieser „Landkarte" kann man auch erkennen, dass die beiden Hirnhälften (Hemisphären) unseres Großhirns unterschiedliche Aufgaben bewältigen und dass sie für unterschiedliche Fähigkeiten zuständig sind.

Beim Rechtshänder ist die **linke Gehirnhälfte** zuständig für das rationale (verstandesorientierte) wissenschaftlich exakte Denken, für alle detaillierten Vorstellungen. Sie steuert die Sprache, hier wird gerechnet und logisch gedacht.

Die **rechte Gehirnhälfte** aber ist für alles Bildhafte, Emotionale (Gefühlsmäßige), Komplexe (Zusammengesetzte), für Visionen (Zukunfts- und Wunschvorstellungen) und die Körpersprache zuständig. Einfach gesagt: Für Farben, Formen, Gefühle, Musik ...

Bei Linkshändern ist das aber genau umgekehrt!

Und bei weniger eindeutig veranlagten Menschen, die nicht genau wissen, ob sie Rechts- oder Linkshänder sind, weiß man es nicht sicher.

Aber wichtig ist: Wir lernen gut und sind erfolgreich durch das Zusammenspiel beider Hirnhälften, durch das **Verknüpfen und Vernetzen**:

Leonardo da Vinci, Goethe oder Einstein waren wie viele andere Multi-Talente oder Genies in ihrem Denken und Handeln ganzhirnig geprägt.

Auch jeder Einzelne von uns kann viel mehr seiner Fähigkeiten entwickeln und nutzen, wenn er lernt, ganzheitlich zu denken und zu lernen.

Wir können das erreichen, wenn Lernen und Lehren über möglichst viele Eingangskanäle (Sinne) und möglichst vielseitig verknüpft und vernetzt geschehen. Das wäre dann ganzhirnig orientiertes Lernen und Lehren.

Ein simples Beispiel:

Man kann Teilen an der Tafel rechnen: 12 : 3 = 4

Oder man kann es erleben: 3 Kinder müssen 12 Gummibärchen teilen = 4 für jeden.

Oder man kann beides tun! Und das ist der richtige Weg.

Und wenn man erst einmal eine Tafel Schokolade mit 16 Rippen

unter drei Kinder aufgeteilt hat, dann weiß man: da gibt es einen Rest!! Und wer nicht nur erklärt bekommen, sondern selbst erlebt hat, was ein Rest ist, hat es wirklich begriffen!
Denn das wissen wir:
Wir behalten dauerhaft im Gedächtnis ...

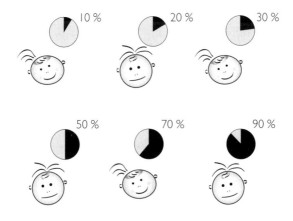

10 % dessen, was wir lesen
20 % dessen, was wir hören
30 % dessen, was wir sehen
50 % dessen, was wir hören und sehen
70 % dessen, worüber wir selbst sprechen
90 % dessen, was wir selbst tun.

Das ist auch bei dir so, egal, welcher Lerntyp du bist.
Dennoch ist es interessant, das herauszufinden.
Wir können es ja versuchen:

# Welcher Lerntyp bist du?

Der, ...
... der Gedichte lernt, indem er auf und ab geht?
... der sich die Vokabeln immer aufschreiben muss, damit sie sitzen und die Namen geschrieben sehen muss, um sie sich zu merken?
... der leise mitspricht beim Lernen?

Wir wollen das einmal testen:
Denk an eine Wohnung (nicht deine eigene), die dir gut bekannt ist (Verwandte, Freunde):
Stell dir die Wohnung vor: Lage, Aussicht, Möbel.
Geh durch den Flur, öffne die Zimmertüren, tritt in jeden Raum.
Und jetzt beantworte spontan und schnell die nachfolgenden Fragen, wenn du kannst:

1. Wie sieht die Eingangstür (Haustür, Wohnungstür) aus?
2. Was für eine Klinke hat sie?
3. In welche Richtung öffnet sich die Tür?
4. Wie ist die Adresse, die Postleitzahl und die Telefonnummer dieser Wohnung?
5. Kannst du blind den Weg ins Bad finden?
6. Wie wird die Spülung der Toilette bedient?
7. Wie sehen die Wände/Tapeten im Wohnzimmer aus?
8. Welche Bilder, Fotos, Gardinen, Plakate oder Wandteppiche hängen dort?
9. Wie riecht es in der Wohnung?

Hast du die Antworten? Und nun gleich die nächsten Fragen – Achtung, nicht hinschauen, sondern hier weiterlesen:

10. Was für Ziffern hat deine Armbanduhr?
11. Welche Marke ist deine Armbanduhr?
12. Welche Farbe haben deine Strümpfe?
13. An welchem Bein ziehst du deine Strümpfe zuerst an?

14. Welche Marke war euer erstes Auto?
15. Welche Nummer hatte euer vorletztes Auto?
16. Löst du gerne Rätsel?
17. Wie hieß dein erster Kindergartenfreund bzw. -freundin mit Nachnamen?

Fragen 1, 7, 8, 10, 12
werden von denen besonders oft beantwortet, die visuelle Lerntypen sind, das sind die, die mit den Augen lernen.
Fragen 3, 5, 6, 9 und 13
von den motorischen Lernern, das sind die, die beim Lernen etwas tun müssen, sich bewegen, etwas anfassen und
Fragen 4, 11, 14, 15, 16, und 17
von denen, die verbal/auditiv lernen, Menschen, die sich das, was sie lernen wollen, leise oder laut vorsagen oder die Dinge beschreiben und über sie sprechen müssen.
Was haben wir dadurch gelernt?
Dass wir Menschen ganz unterschiedlich lernen.
Dass jeder Mensch seine eigene Lernstrategie entwickelt und dass das Lernen allen leichter fällt, wenn beide Gehirnhälften zusammenarbeiten.
Wie also lernt man richtig, schnell erfolgreich? Hier gibt es einige wichtige Lerntipps (weitere Tipps dann auf den Seiten 8 und 38). Arbeite die Liste durch und streich an, was du zukünftig beherzigen willst!

# Lerntipps ...
## allgemein:

**1.** Beteilige möglichst viele Sinne am Lernen:
> Sprich leise mit,
> schreib alles auf,
> schließ die Augen und erinnere dich.

**2.** Teil deine Arbeit in Portionen auf. Das macht sie übersichtlich. Und man sieht schneller einen Erfolg:
Wenn du jede Portion auf einen kleinen Zettel schreibst, den du auf die linke Seite der Pinnwand steckst und nach Erledigung von dort auf die rechte Seite steckst, dann wirst du tief in dir drin das befriedigende Gefühl erfolgreichen Arbeitens spüren.

**3.** Teste dein Arbeitsverhalten: Beginnst du lieber mit den einfachen oder lieber mit den schwierigen Aufgaben? Jeder hat seine eigenen Lernwege. Halte die ein.

**4.** Das, was du morgens gelernt hast, überflieg am Nachmittag noch einmal kurz. Solche Wiederholungen wirken Wunder.

**5.** Am meisten lernt man, wenn man jemandem erklärt, was man gelernt hat. Das kann man auch selbst sein.

**6.** Besonders effektiv ist diese Methode des Selbst-Erklärens, wenn man eigene Lernkärtchen schreibt. Wie das geht, steht weiter hinten im Buch (Seite 20).

**7.** Finde heraus, wie du dir etwas am besten merken kannst: Mit einer Grafik? Einem Mind Map? Mit einer bildlichen Darstellung? Manche erzählen sich eine Lern-Geschichte, das heißt, sie binden die Begriffe, die sie sich merken wollen, in eine kurze Geschichte ein.

**8.** Gönn dir Qualität: Einen guten Füller, einen Kugelschreiber, der gut in der Hand liegt, ein ordentliches Federmäppchen, ein schönes Heft. Du hast Anspruch auf gute Dinge, wenn du sie gut behandelst!

**9.** Für Ruhe sorgen. Notfalls Fenster schließen und im schlimmsten Fall Ohrstöpsel benutzen. Ausnahme: Es gibt Menschen, die bei bestimmter Musik besser lernen können als ohne Musik. Das muss man selbst herausfinden.

**10.** Auf deinen Lerntyp achten:
Sitzt du beim Lernen lieber am Tisch? Liegst du lieber am Boden? Manche stehen und manche brauchen sogar Bewegung (sie lernen Gedichte oder Formeln auswendig, indem sie auf und ab gehen).

**11.** Mittags nicht so viel essen. Sonst wird man müde.

**12.** Wenn man müde ist: Hinlegen, Augen zu. Nicht länger als 10 Minuten ausruhen (Eieruhr stellen!). Dann das Gesicht mit kaltem Wasser abwaschen und weiterlernen.

**13.** Aufgaben so früh wie möglich erledigen – möglichst nah am Lernvorgang, weil man sich dann noch am besten an die Erklärungen und Hilfestellungen erinnern kann.

**14.** Nach 30 Minuten konzentrierter Arbeit aufstehen, Fenster öffnen, tief durchatmen, ein paar Schritte machen – und weiterarbeiten. Nach einer Stunde eine kurze Pause machen (Mülleimer rausstellen, Regal aufräumen, auf die Toilette gehen) – und weiterarbeiten.

**15.** Bevor du dich an deinen Schreibtisch setzt: Alles fort, was dich ablenken kann!

**16.** Sorge für eine gute Beleuchtung. Teste dabei aus, was dir am ehesten gut tut. Soll das Licht nur auf dein Arbeitsblatt scheinen? Oder soll alles um dich herum hell sein?

**17.** Bleib an einer Sache dran, auch wenn sie unangenehm ist. Trainiere das. Und genieße jedes Mal das Gefühl, dass du es wieder einmal geschafft hast. Beim Marathon stehen auf den letzten Kilometern Menschen mit einem Spruchband: „Der Schmerz vergeht, der Stolz bleibt." So ist es auch beim Lernen.

**18.** Wenn du mürrisch bist: Blas deine Backen auf und beim Luftherauslassen lächle breit in die Welt und behalte dieses Lächeln einfach bei. Nach einiger Zeit wirst du merken, dass deine Stimmung besser wird.

**19.** Ist dir etwas gelungen, genieße es!

Das geht ganz einfach: Nimm einen Spiegel, schau dir tief in die Augen und sag: „Du bist einfach spitze! Das hast du perfekt hinbekommen!"

**20.** Ist dir etwas besonders gut gelungen, belohne dich: Klopf dir auf die Schulter! Mach dir ein Geschenk: ein Spaziergang mitten am Tag, schöne Musik, etwas Gutes zu Essen, etwas, das du schon länger haben wolltest …

**21.** Handle bei Erfolg ein höheres Taschengeld aus. Gute Schüler sind schneller aus der Schule, kommen früher ins Studium, sind früher im Beruf. Das spart den Eltern viel Geld. Lass dir etwas davon auszahlen. Jetzt brauchst du es, später hast du genug.

**22.** Lobt dich ein Lehrer, sag ihm: „Bitte geben Sie mir das schriftlich. Das will ich mir an die Wand hängen!". Das gefällt ihm – und du freust dich, wenn du es liest.

**23.** Mach dich stark, sei selbstbewusst. Dazu gehört, dass du dir und anderen gegenüber offen und ehrlich bist.
Das ist nicht leicht! Teile freundlich mit, wenn du anderer Ansicht bist und wenn – das ist wichtig! - deine Meinung gefragt ist. Wer sich nicht verbiegt, hat es manchmal etwas schwerer, auf lange Sicht aber zahlt sich Aufrichtigkeit aus.

**24.** Eine halbe Stunde Nachdenken und Meditation am Tag ist absolut nötig. Außer, wenn man sehr viel zu tun hat. Dann braucht man eine Stunde.

**25.** Wenn dich jemand tief verletzt hat, sinn nicht auf Rache, sondern vertrau darauf, dass irgendwann Gerechtigkeit geschieht. Es gibt ein tolles Sprichwort: *In the end everything will be fine – if it's not fine, it's not the end.* Das bedeutet: *Am Ende wird alles gut sein. Wenn es nicht gut ist, ist es nicht das Ende!* Das gibt Gelassenheit.

**26.** Eine schlechte Note, eine schlechte Beurteilung ist das Ergebnis einer schlechten Leistung. Nicht mehr. Du hast einen schlechten Tag gehabt oder du hast dich nicht gut genug vorbereitet oder hast das Falsche gelernt – nur deine momentane Leistung wird bewertet, nicht deine Person.

**27.** Lass dir nicht von irgendeinem Mist deine kostbare Zeit rauben. Dein Leben ist wertvoll.

**28.** Denk nicht immer daran, was andere von dir halten. Überlege dir, was dir an anderen gefällt. Und sei so, wie du bist. Nur wer sich selbst liebt, wird auch von anderen geliebt.

**29.** Besiege den inneren Schweinehund: Verbanne den Satz aus deinem Alltag, der so beginnt: „Zuerst mach ich noch ...". Das sind alles Ausweichmanöver. Diese Technik nennt man Prokrastination (Das ist eine Bezeichnung für das Verhalten von Menschen, das Erledigen unangenehmer Dinge immer wieder zu verschieben). Manche bringen es darin zu wahrer Meisterschaft und haben dann immer den Eindruck, sie hätten viel erledigt. Und werden doch nie fertig! Fang einfach sofort an. Leg los. Wichtig sind die ersten 10 Minuten. Erst danach sind die ersten Ausweichmanöver erlaubt.

**30.** Wenn dich etwas sehr geärgert oder traurig gemacht hat, dann schreib es auf und leg das Blatt zur Seite.

**31.** Wenn du keine Lust zum Lernen hast, erinnere dich an Lernsituationen, die dir Freude gemacht haben. Daran arbeite weiter, bis du motiviert zum Lernen bist.

**32.** Setz dir Ziele (z. B.: Im nächsten Zeugnis will ich in Mathematik eine 2). Und tu etwas dafür (Gespräche mit dem Lehrer, dem Vorgesetzten, Lernen mit Freunden, sich im Internet informieren).

**33.** Teste es aus: Verliebe dich in deinen Lernstoff und finde so viel wie möglich darüber heraus: Im Internet, bei Wikipedia, in anderen Schulbüchern. Knack das Geheimnis. Alles, womit man sich längere Zeit beschäftigt, worüber man mehr erfährt als andere, wird spannend - das kann sogar der größte Unsinn sein.

**34.** Kluge Lerntaktik: Sei im Buch immer zwei Seiten weiter als der Lehrer. So weißt du immer, was als Nächstes dran ist. Das gibt Anlass zum Staunen – man freut sich selber – und man versteht besser!

**35.** Besorge dir Klassenarbeiten/Tests der vergangenen Jahre. Oft tauchen ähnliche Fragen wieder auf – und du bist gut vorbereitet.

**36.** Wenn du mit einer Note oder einer Beurteilung nicht zufrieden bist, bitte den Lehrer um ein Gespräch und frage ihn, welchen Rat er dir gibt, damit du besser wirst. Lehrer sehen es gern, wenn ihr Rat erfolgreich ist, und du hast einen wichtigen Verbündeten.

**37.** Rede **mit** Lehrer und Lehrerin, nicht über sie!

**38.** Lerne immer mit. Lehrer und Ausbilder werden dafür bezahlt. Hör wenigstens mit einem Ohr zu, denn an alles, was hängen bleibt, kannst du später wieder andocken. Im Unterricht verschwätzte Zeit ist verlorene Zeit! Du musst alles mühsam nachholen!

**39.** Achte auf die Ähnlichkeitshemmung: (lerne nie gleichzeitig das/dass, wieder/wider, usw. - mehr dazu auf Seite 37).

**40.** Vor Prüfungen, Tests, wichtigen Terminen (oder einfach nur zum Unterricht): Am Abend vorher alles einpacken, noch einmal alles überprüfen. Und dann tief befriedigt einschlafen können.

**41.** Vor dem Einschlafen den wichtigsten Lernstoff des Tages noch einmal schnell wiederholen.

**42.** Morgens lieber etwas früher aufstehen und noch einmal einen Blick auf die Vorbereitungen werfen. Das frischt unglaublich auf. Und spart Zeit.

**43.** Wenn irgend möglich mit einem Lernpartner lernen – siehe Seite 5: Wir behalten 70% dessen, worüber wir selbst sprechen.

**44.** Stell fest, was dir beim Lernen am meisten hilft:
Lernen durch Lesen, durch Sprechen, durch Üben, durch Analysieren und Vergleichen, durch Wiederholen, durch selbst Erklären: Brauchst du Strukturen, Vorgaben oder helfen dir eigene Gliederungen. Beachtest du Lernplakate? Benutzt du eine Lernbox? Lies dazu ab Seite 15!

**45.** Und zwischendrin ein kleiner Hinweis
Alles, was du bisher gelesen hast und was noch folgt, findest du viel, viel ausführlicher im PISA-Training. Das beginnt jedes Jahr am vorletzten Montag im September und ist kostenlos. Anmelden kannst du dich bei:
www.pisa-training.de (mehr dazu Seite 45).

# Die 3-Fächer-Lernbox

Über das Denken, Lernen und Vergessen oder:

Das Tolle an der Lernbox und die drei verschiedenen Gedächtnisarten:

Unser Gehirn muss und kann Tag und Nacht eine unglaubliche Füllen von Informationen verarbeiten, die als Sinneswahrnehmungen (hören, schmecken, fühlen, sehen, riechen) von außen – und als Gedanken und Gefühle von innen kommen. Aber:

Man kann ein Gehirn nicht überfordern! Es passt immer noch mehr rein!

Allerdings: Die allermeisten dieser Informationen gehen „zum einen Ohr rein und zum anderen wieder raus".

Und das ist gut so.

Denn wir brauchen nur einen ganz geringen Teil all dieser Nachrichten. Du hast das selbst schon oft festgestellt: Wenn sich in einem Raum mehrere Personen unterhalten, so kannst du dich trotzdem auf das gut konzentrieren, was eine bestimmte Person sagt.

Dein Gehirn filtert die für dich wichtigen Geräusche heraus. Und um die Informationen, die wir brauchen, zu bearbeiten und zu speichern, benutzen wir die verschiedenen Möglichkeiten, die unser Gehirn dafür bietet.

Die Wissenschaftler, die sich sehr ausführlich mit dem Lernen befasst haben (z.B. Sebastian Leitner oder Frederic Vester), unterscheiden dabei

**das Ultrakurzzeitgedächtnis:**

Es speichert in Form von elektrischen Schwingungen die einlaufenden Informationen (über Auge, Ohr, Hautkontakt oder als Nachrichten aus unserem Körper) für die Dauer von einigen Sekunden.

Gehen dabei Informationen ein, die sich an Bekanntes anschließen und dadurch unsere Aufmerksamkeit erwecken, verblassen diese Informationen nicht sofort wieder, sondern werden übernommen in

**das Kurzzeitgedächtnis:**

Diese Informationen bleiben jetzt zwischen 10 und 30 Minuten erhalten und werden in den Gehirnzellen zum ersten Mal „Materie", also als winzige Stoff-Teilchen in unseren Zellen gespeichert. Eine so in unseren Zellen „materiell" vorliegende Information kann durch Wiederholung und durch Verknüpfung mit einem bestimmten Sinn (z.B. mit Hilfe von Eselsbrücken) verstärkt werden. Die Information erlischt leider, wenn Wiederholung und Sinnverbindung ausbleiben oder wenn ein schwerer Schock eingreift. Wenn aber regelmäßig wiederholt wird, gelangt der Stoff in

**das Langzeitgedächtnis,**

das von der ersten materiellen Form der Informationsspeicherung aus dem Kurzzeitgedächtnis „Kopien" herstellt. Diese werden jetzt in Form von Eiweißmolekülen fest in die Zellen eingelagert. Damit bleiben die Informationen Stunden bis Jahre gespeichert und erlöschen eigentlich nie; sie werden aber überdeckt, wenn die Wiederholung ausbleibt.

Das Lernen mit dem Lernkartei-Kasten berücksichtigt genau diesen Umstand und verhindert das Überlagern der gespeicherten Information, indem es diese in immer länger werdenden Zeitabständen wiederholt.

Du nimmst fertige Lernkärtchen - diese gibt es beispielsweise in allen Selbstlernheften bei www.lundi-lernen.de. Schau dort nach den GRIPSpaketen - mehr dazu ganz hinten in diesem Heft, Seite 36. Und nun fängst entweder einfach von vorne an, oder du blätterst durch und holst dir die Kärtchen raus, die du gerade für wichtig hältst.

# Das Lernen mit der Lernkartei

Das funktioniert so:
Neue Karten kommen in Fach 1.
Fach 1 bearbeitest du jeden Tag:
Die Karte nehmen und die Frage lesen.
Die Antwort überlegen und die Karte drehen und die gedachte Antwort mit der vorgedruckten vergleichen:
War die gedachte Antwort richtig, kommt die Karte in Fach 2.
War die gedachte Antwort falsch, kommt die Karte wieder zurück in Fach 1.
Hat man keine Antwort gewusst, liest man die Antwort einfach und die Karte kommt in Fach 1.

**Fach 1 wiederholst du jeden Tag!**

**Fach 2 bearbeitest du 1-mal pro Woche:**
Richtig beantwortete Karten kommen in Fach 3, falsch beantwortete zurück in Fach 1.
Und wenn das 2. Fach schon nach einer halben Woche voll ist? Na, dann bearbeitest du es gleich!

**Fach 3 bearbeite bitte 1-mal im Monat:**
Falsch beantwortete Karten wandern wieder zurück in Fach 1. Wenn du sie aber richtig beantwortet hast, dann kannst du davon ausgehen, dass der Lernstoff ziemlich gut sitzt.

**So ist also der Weg der Karten:**

+ + + +▶ gewusste Karten,
◀– – – – nicht gewusste Karten.

Aber schmeiß die Karten, die aus Fach 3 wandern, jetzt nicht weg, sondern bewahre sie in deiner Schublade auf und hole sie nach einem halben Jahr wieder vor.

Du lernst lieber mit dem Computer? Siehe Seite 40

Du schreibst deine Kärtchen selbst? Siehe Seite 20.

# Wie man noch besser lernt

Am meisten lernst du, wenn du deine eigenen Lernkärtchen selbst verfasst. Denn dein eigenes Lernkärtchen bezieht sich in der Regel auf etwas, das du eigentlich schon verstanden, aber noch nicht im Kopf hast. Du liest ein Buch, siehst einen Film, hörst einen Vortrag, hast Unterrichtsstoff im Prinzip begriffen – und nun schreibst du dem, was du davon in einem Jahr noch wissen möchtest, ein Lernkärtchen. Du machst dir dabei zu diesem Stoff deine eigenen Gedanken, du liest den Stoff, du schreibst dein Kärtchen selbst – so hast du schon einige Anknüpfungspunkte für dein Gedächtnis gefunden!

Wenn du auf das Lernen mit der Lernbox umsteigst, brauchst du Lernkarten, auf die du schreiben kannst. Die kannst du dir im Schreibwarenladen besorgen oder bei www.lundi-lernen.de Besonders gut eignet sich das Lernkartenheft, das man wie ein Vokabelheft benutzten kann. Gibt es für A8 (Midi) und A9 (Mini) auch bei www.lundi-lernen.de.

Aber Achtung:
Wenn du eigene Lernkärtchen erstellst, lass sie von einem Freund (den Eltern, deinem Lehrer) Korrektur lesen – denn Rechtschreibfehler und falsche Antworten landen ja ebenfalls im Langzeitgedächtnis – und da wollen wir diese falschen Freunde nicht haben.

Und achte auf das Problem der Ähnlichkeitshemmung.
Dazu findest du mehr auf Seite 37.

**Und so kannst du ...**

# Lernkärtchen selbst verfassen

### Lernkärtchen Deutsch:

Nimm deine Aufgabe, einen Stift und einen Marker.
Und jetzt geht's los:

- Lies erst mal alles gut durch.
  Wenn Begriffe enthalten sind, die du nicht verstanden hast,
  streich sie an.
- Für die suchst du Erklärungen: auf dem Arbeitsblatt, bei
  Freunden, der Lehrerin …
- Nun musst du, was du dir merken willst, in kleine
  Wissensbausteine aufteilen und
- daraus musst du Fragen und Antworten bilden.

Nehmen wir mal an, du hättest diesen Text hier unten gelesen
und hättest das nicht recht verstanden.
Du hättest dir deshalb diese Begriffe angestrichen.
Jetzt suchst du die Erklärungen:
Oft findest du sie in demselben Text oder in der Nähe.
Manchmal auch in deinem Buch – oder du fragst eben.
Hier stehen ja alle Erklärungen direkt dabei!
Jetzt baust du die Begriffe und ihre Erklärungen in ganz kurze
Fragen und Antworten um – probier das auf einem Zettel und
erst dann schau dir die Vorschläge auf der nächsten Seite an.

**Das sind die Wortarten:**
Das Substantiv ist ein Namenwort. Es kann einen Artikel haben: der, die, das, ein, eine
Das Verb ist das Tunwort. Es gibt an, was jemand tut oder was geschieht: singen, blitzen
Das Adjektiv ist das Wiewort. Es gibt an, wie etwas ist und es kann gesteigert werden: schön – schöner – am schönsten
Der Artikel ist der Begleiter. Er steht beim Namenwort: der (Hund), ein (Hund)

| Substantiv = ? | Namenwort. Es kann einen Artikel haben |
| --- | --- |
| Verb = ? | Tunwort. Es gibt an, was geschieht. |
| Adjektiv = ? | Wiewort. Es gibt an, wie etwas ist. |
| Artikel = ? | Begleiter. Er steht beim Namenwort. |

Noch mehr lernst du, wenn du den Inhalt der Karten auch noch umdrehst, z. B.:

| **Fremdwort für Namenwort?** ? | **Substantiv** ! |

ABER: Du kannst dir alles besser merken, wenn du dir auch Beispiele aufschreibst!

| Substantiv? ? Die Glocke schrillt laut. | Substantiv: (die) Glocke ! |

| Verb? ? Die Glocke schrillt laut. | Verb: schrillt ! |

Und sogar ganz kleine Kinder können sich Lernkärtchen schreiben – einfach nur ein Bildchen ausschneiden, auf ein Kärtchen kleben und auf die Rückseite das Wort:

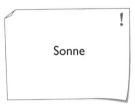

Oder ein Lernkärtchen für Mathematik:

Oder Komplizierteres:
Ob Geschichte, Politik, oder *Wie schreibt man einen Erlebnis-Aufsatz?* – alles lernst und übst du leicht, wenn du es in seine kleinstmöglichen Bausteine zerlegst und Frage und Antwort dazu bildest.
Jetzt wollen das gemeinsam versuchen, an einigen konkreten Beispielen:

**Lernkärtchen Englisch**

Die Aufgabe findest du in „Lern dich fit! Englisch Klassse 6"
(lundi-lernen.de, Bestellnummer 28166):

1. **A surprise party**
2. It's Jessica's birthday next Thursday.
3. Her friends are planning a surprise party for her.
4. Ann is baking a big birthday cake.
5. Her brother Mark is helping her.
6. He is also making the sandwiches for the party.
7. Sandra is helping him with the sandwiches.
8. Sean and his brother Harry are bringing milk, lemonade and coke.
9. They are also writing and delivering the invitations.
10. Sally is helping with the food.
11. She is buying crisps, biscuits, fruit and ice cream.
12. She is also making a video film of the party.
13. Ann is bringing her CD-player and some CDs.
14. Harry and Mark are bringing some CDs, too.

Hier ist ein Teil der Lösung, die Übersetzung – falls du nicht alles verstehst!

*(2) Am nächsten Donnerstag hat Jessica Geburtstag. (3) Ihre Freunde planen für sie eine Überraschungs-Party. (4) Ann wird eine große Geburtstagstorte backen. (5) Ihr Bruder Mark wird ihr helfen. (6) Er wird auch die Sandwiches (belegte Brötchen) für die Party machen. (7) Sandra wird ihm helfen. (8) Sean und sein Bruder Harry werden Milch, Limonade und Coke bringen. (9) Sie werden auch die Einladungen schreiben und verteilen. (10) Sally wird mit dem Essen helfen. (11) Sie wird Kartoffelchips, Kekse, Obst und Eiskrem (Eis) kaufen. (12) Sie wird auch einen Video-Film von der Party machen. (13) Ann wird ihren CD-Spieler und einige CDs (mit) bringen. (14) Harry und Mark werden auch einige CDs (mit)bringen.*

Deine Aufgabe ist hier unter anderem, die Present Progressive Form als Zukunftsform zu verstehen und anzuwenden - und so gehst du vor:

Nimm einfach die Sätze aus dem Text. Wenn sie zu lang sind, gestalte sie etwas einfacher. Aus: *Ann is baking a big birthday cake* kann werden: *Ann is baking a cake,* denn hier geht es ja nur um die grammatische Form!
**Probier das jetzt mal aus** und trag in die Kärtchen immer das ein, was fehlt.
Gestalte deine Übungen abwechslungsreich, denn du lernst mehr, wenn du auf verschiedene Arten übst.

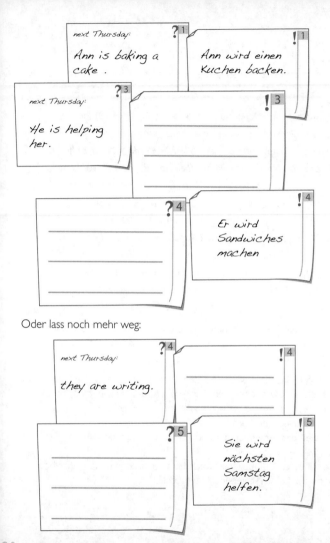

Oder lass noch mehr weg:

Wenn dir etwas wichtig ist, unterstreiche es, male es an oder arbeite mit einem Marker. Und wenn du Vokabeln in einen Satz einbaust, lernst du am meisten: Du darfst dabei gerne kreativ sein!

Und vergiss nicht: Wenn deine Kärtchen aus dem letzten Fach herausgewandert sind, drehst du sie um und lernst vom Deutschen zum Englischen!
Und so müssten deine Lösungen aussehen:

### Lösungen:

2! Er wird ihr helfen

3? He is making sandwiches

4! sie werden schreiben.

5? She is (oder: she's) helping next Thursday.

6! I hate spider soup

**Lernkärtchen Mathematik**
Die Aufgabe stammen aus den in „Lern dich fit! Mathe Klassse 3+4 Kopiervorlagen" (lundi-lernen.de, Bestellnr. 28206). Dazu passende Aufgaben sind im Schülerheft Mathe Klasse 4 (Bestellnummer 28114):

1 Jonas und Vivien dürfen ins Kino.

2 Papa fährt sie mit dem Auto hin.

3 Jonas drängelt: „Beeil dich, Vivien!

4 Um Viertel vor Drei geht's doch schon los!"

5 „Immer mit der Ruhe!", meint Papa.

6 „Wann soll ich euch überhaupt wieder abholen?"

7 „Also, der Film dauert 100 Minuten", weiß Vivien.

Papa will wissen, wann er die Kinder abholen soll.
Um das zu errechnen, muss man wissen, wann der Film beginnt und wie lange er dauert. Diese Angaben stehen in der Aufgabe.

Du kennst also den Anfangszeitpunkt:
Viertel vor drei (= 14.45 Uhr),
du kennst die Zeitdauer: 100 Minuten,
Du suchst den End-Zeitpunkt.

Um das zu üben, schreibst du die Aufgaben auf leere Kärtchen.
Auf die Rückseite kommt das Ergebnis.

**Rechne schrittweise!**
**Mach auf jeden Fall einen Stopp,**
**wenn du über Mitternacht kommst.**

Wenn du dir Hilfen auf die Kärtchen schreibst, geht das Üben leichter!
Hier sind ein paar Beispiele - ergänze, was fehlt!

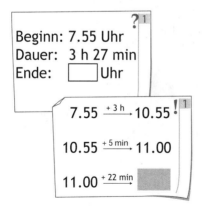

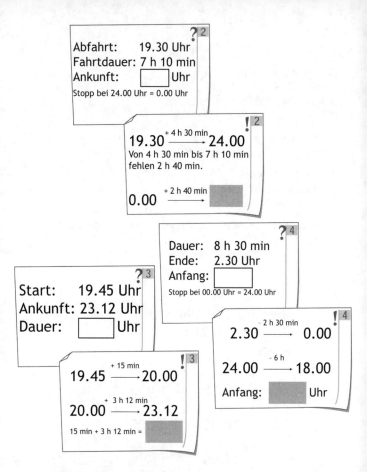

Lösung: Kärtchen
1: 11.22 / 2: 2.40 / 3: 3h27 min / 4: 18.00

# Du lernst lieber mit einem Partner?

Dann solltest du **Tandellos** kennenlernen!
Zuerst entscheidest du, wie groß deine Lernkärtchen sein sollen. Das hängt auch davon ab, ob du die Aufgaben von Hand oder per Computer schreibst.
Du kannst die einzelnen Tandello-Kärtchen A9, A8 oder A7 groß machen. Je nachdem faltest du deinen Papierbogen längs (A9) oder quer (A8) oder längs (A7).

Ich erkläre dir Tandellos nun am Beispiel von A9-Kärtchen:
Nimm ein A4-Blatt Papier.
Falte es längs und noch einmal längs.
So erhältst du 4 Spalten nebeneinander.
Nun falte dein Blatt 4 mal quer, also in der Mitte, nohmal in der Mitte, noch mal in der Mitte.
Jetzt hast du 8 Kärtchen untereinander
und 4 Kärtchen nebeneinander.
Jetzt benutzt du die Kärtchen, nennen wir sie a, b, c, d –
jeweils für Frage (?), Antwort (!),
Frage (?), Antwort (!)
Kennzeichne die Fragefelder mit ? und die
Antwortfelder mit !
Das sieht dann auf jeder Seite
so aus: ⟶

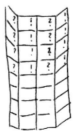

Du schreibst nun immer ins Fragefeld (?) die Frage,
ins Antwortfeld daneben (!) die Antwort.
Die Seiten werden nun so gefaltet, dass
Spalte a und Spalte d nach hinten
geklappt werden können.

Dann sieht jeder Lerner dies hier: ➔

**Und so wird gelernt:**
Zwei Lerner arbeiten zusammen:
- Lerner X hat die Mitte, also Spalte b (mit !) und c (mit ?) vor Augen. Siehe Bild oben.
- Ihm gegenüber sitzt Lerner Y und hat die umgeklappten Spalten a (?) und d (!) vor Augen.
- Lerner Y beginnt und liest auf der rechten Seite die Frage von Karte 1 vor.
  Lerner Y überlegt und gibt dann die Antwort zu 1.
- Lerner X hat dazu die Antwort vor Augen und kann sie überprüfen. Er korrigiert oder bestätigt Lerner Y.
- Lerner X liest jetzt seinerseits die nächste Frage vor, die auf Karte 2, Lerner X überlegt und gibt die Antwort zu Karte 2.
- Lerner Y hat dazu die Antwort vor Augen und überprüft und korrigiert oder bestätigt Lerner X.

Und so geht es weiter, bis insgesamt alle Karten auf diese Weise im Tandem gelernt und kontrolliert wurden:
Die Lerner kontrollieren und helfen sich gegenseitig und abwechselnd.

**Das Schöne daran:**

Man darf Fehler machen, die sofort erkannt und korrigiert werden.
Es können zwei schwache Schüler miteinander lernen, ein starker und ein schwacher oder zwei starke.
Das ist supereinfach und macht Spaß.
Und wer fertige Tandellos haben möchte: Es gibt sie für Mathe, Deutsch, Englisch und Lesen und zwar
für alle Klassen! Nachschauen bei
www.lundi-lernen.de/Tandellos

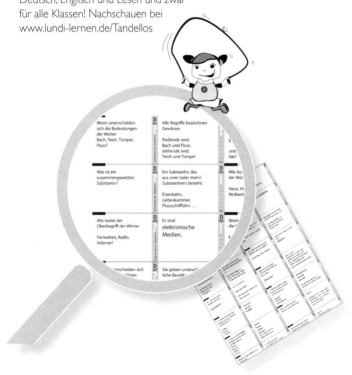

# Wissen vernetzen, besser lernen

Lernen durch Frage und Antwort oder durch Versuch und Irrtum – so lernt die Welt seit 3 Milliarden Jahren! Wer früher die Frage falsch beantwortet hat:
*Was hat der Schrei des Säbelzahntigers zu bedeuten?*,
der hatte Pech: Er kam über das erste Fach seiner Lebenslernkartei nicht hinaus.
Und wer heute die wichtigen Fragen falsch beantwortet: *Soll ich schnell noch durchfahren, wenn sich die Bahnschranke schließt?*, der wird vermutlich auch nicht alt.

Wer also die richtigen Fragen stellt und diese auch richtig beantwortet, der hat die besten Chancen im Leben.
Gewöhne dir an, das Wichtigste auf kleinen Zetteln zu notieren. Das macht auch jeder Fersehmoderator, das hast du bestimmt schon bemerkt: mit seinen Karten gibt er seinem Gedächtnis einen Anstoß.
So ist das mit den Lernkärtchen. Das, was du eigentlich bereits gelernt hast und was sich im Großen und Ganzen schon in deinem Kopf befindet, wird noch einmal systematisch und übersichtlich und vor allem in der kürzesten Form zusammengefasst. Jeder kleine Baustein löst in deinem Kopf die Erinnerung an das Ganze aus.

Aber: Je vielseitiger du lernst, desto leichter kannst du an Gelerntes in deinem Gehirn anknüpfen und desto fester kannst du es in deinem Kopf verankern.

Du kannst
- die Kärtchen mal andersrum anschauen: Lies die Antwort und überlege, wie die Frage lautet,
- mit Freunden (oder dem Papa) arbeiten: Fragt euch gegenseitig ab, erklärt euch gegenseitig, was ihr verstanden habt,
- die Zettel sortieren: Was hat miteinander zu tun, behandelt dasselbe Thema, was passt zusammen oder was sagt das Gegenteil aus?
- Zettel heraussuchen, in eine logische Reihenfolge bringen und auf diese Weise Zusammenhänge erkennen und neu bestimmen.

Zum Beispiel diese beiden:

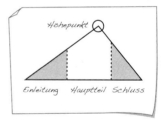

Dadurch bekommt ein ganzes Wissensgebiet auf einmal eine neue Struktur – die du dir wiederum besonders gut merken kannst, weil sie dem Vorwissen in deinem Gehirn entspricht und du ihm neue Anknüpfungspunkte lieferst.

Du baust ein Wissensnetz auf und wenn du dich an einen „Zipfel" des Netzes erinnerst, fällt dir alles wieder ein!

## Die GRIPSpakete für Klasse 1 bis 10

Alles gut und schön - aber du hast bereits viel zu lange geschlampt? Du hast keine ausreichenden Grundlagen? Bei vielen Aufgaben fällt dir auf, dass du Lücken hast, die dich am Lösen der derzeitigen Aufgabe hindern?
Da hilft nur nachholen. Selbstverständlich kann man nicht in einem halben Jahr aufholen, was man in vier Jahren verbummelt hat - aber man kann Trittsteine legen – wenn man keine Brücke hat, kommt man auch mit Trittsteinen ganz ordentlich über den Bach: Es gibt für alle Schulstufen Bildungsziele, Kompetenzen, die man

nach einer bestimmten Zeit erreicht haben muss. Und diese Kompetenzen wurden in den GRIPSpaketen aufgegriffen – von erfahrenen Lehrerinnen und Lehrern. Sie haben pro Jahrgang und Fach die Bildungsbausteine in jeweils 8 Themenbereichen zusammengefasst und auf jeweils einer Aufgaben- und Lösungsseite dargestellt.
Das Besondere dabei: diese Seiten enthalten nicht nur Aufgaben und Lösungen, sondern eine sorgfältig durchdachte Schritt-für-Schritt-Lösungshilfe, die genau zeigt, wo das Problem liegt, falls du nicht allein weiterkommst. Und zu jeder Aufgabe gibt es Lernkärtchen, auf denen die dazu nötigen wichtigsten Regeln, Formeln, Lernbausteine zusammengefasst sind.
Ein GRIPSpaket besteht aus den Lernsystem-Heften Deutsch, Mathe, Englisch und den GRIPSpäckchen Deutsch, Mathe, Englisch, Logik.
Mehr dazu unter: www.lundi-lernen.de/gripspaket

# Die Ähnlichkeitshemmung

Du kennst das vielleicht selbst:
Wenn im Sportunterricht die Lehrerin ruft „Drehung links!", dann passiert es dir manchmal, dass du dich nach rechts drehst. Und bei der Fahrprüfung biegst du dann wahrscheinlich in der Aufregung nach links ab, wenn der Prüfer sagt; „Die nächste Straße rechts!". Das liegt vermutlich daran, dass du im Kindergarten gleichzeitig „rechts" und „links" gelernt hast!
Oder du verwechselst die Telefonnummern von Hilke und Gülsen, weil die ersten 4 Ziffern gleich sind.
Ähnlich geht es dir beim kleinsten gemeinsamen Vielfachen (kgV) und beim größten gemeinsamen Teiler (ggT). Immer musst du erst einmal gründlich nachdenken, was genau gemeint ist.
Oder bei den Wörtern mit ai oder ei. Bei das/dass.
Bei who/where und bei pain (englisch: Schmerz) und pain (französisch: Brot).
Und deine Mutter, verwechselt sie nicht manchmal deinen Namen mit dem deiner Schwester?
Das ist ganz normal und das geht jedem so. Professor Ranschburg hat das schon vor mehr als 100 Jahren nachgewiesen.

Erfahrene Lerner wissen das und vermeiden solche Übungen, denn sie nützen nicht nur nichts, sie schaden sogar. Nach solchen Übungen weißt du hinterher weniger als vorher. Besser lernst du, wenn du Reihen bildest: Übe also beispielsweise nur alle Wörter, die mit „d" enden, die mit „t" brauchst du nicht zu lernen, das sind einfach die andern, das ergibt sich doch von selbst!

Mehr Informationen zu diesem Thema findest du im Internetstudium (kostenlos!) bei www.pisa-training.de.
Oder du schreibst uns: info@lundi-lernen.de, dann schicken wir dir den Studienbrief.

# Lerntipps ...

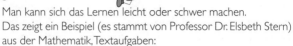

### ganz konkret

Man kann sich das Lernen leicht oder schwer machen.
Das zeigt ein Beispiel (es stammt von Professor Dr. Elsbeth Stern)
aus der Mathematik, Textaufgaben:

*Hier sind fünf Vögel, dort sind drei Würmer. Die Vögel fliegen los und jeder versucht, einen Wurm zu bekommen.*
*Wie viel mehr Vögel sind es als Würmer?*

Das lösen nur 25% aller Erstklässler – und zwar überall auf der Welt.
Aber die gleiche Aufgabe mit einer anderen Frage:

*Hier sind fünf Vögel, dort sind drei Würmer. Die Vögel fliegen los und jeder versucht, einen Wurm zu bekommen.*
*Wie viele Vögel bekommen keinen Wurm?*

Das können fast alle Erstklässler lösen (über 90%).
Es kommt also auf die Art und Weise an, wie eine Aufgabe gestellt wird. Und daran, wie du an eine Aufgabe herangehst:

### Textaufgaben:

Lies dir den Text mehrmals und genau durch. Kläre zuerst, worum es geht. Was ist gesucht? Welche Angaben hast du und was fehlt? Unterstreiche die wichtigen Stellen.
Wenn du einen Rechenweg einschlägst, überschlage erst: Was muss denn ungefähr herauskommen? Dann frag dich, ob das sein kann. Ist die Lösung wahrscheinlich?
Jetzt erst rechne los. Und überschlage auch gleich die Zwischenergebnisse.

**Aufsätze:**
Schreib dir die wichtigsten Inhalte als Stichworte auf. Ordne sie nach Einleitung, Hauptteil und Schluss. Bring alles in eine richtige Reihenfolge, damit du nicht am Ende etwas nachtragen musst. Erinnere dich an die wichtigsten Stilregeln (z.B. die Zeitform). Und wenn du dann den Aufsatz schreibst, mach daszwischen immer wieder eine Pause und prüf nach, ob du nicht gerade am eigentlichen Thema vorbeischreibst.

**Vokabeln**
Übe auf jeden Fall mit der Lernbox. Nimm aber für jede Fremdsprache eine eigene Box und lerne nicht direkt nacheinander zwei verschiedene Sprachen.

Und:
Lerne mit google und Wikipedia - oder mit Atlas, Lexikon und Wörterbuch. Alles, was du nicht weißt, schaust du sofort nach! Und dann notierst du dir das auf einen Lernkarteizettel!

## ... und die 3 wichtigen Kämpfe,

die du führen und gewinnen musst:
- und das jeden Tag!

### 1. Der Sieg über den großen ZMIND!

Der Zmind sitzt unter deinem Schreibtisch und ruft dir immer dann, wenn du dich eigentlich an die Hausaufgaben machen möchtest, mit eindringlicher Stimme direkt ins Gehirn: „Zuerst mach ich noch das!" (Zmind) – Schnell noch eine SMS schicken, schnell noch das Buch fertig lesen, aufräumen, ein Brot essen, auf die Toilette gehen... - nur nicht gleich mit dem Lernen anfangen.

Aber: Zuerst lernst du los. Erst danach machst du alles andere. Und denk dran: Der erste Sieg ist immer der schwerste – die folgenden fallen dir immer leichter.

### 2. Der Sieg über das Fernsehen:

Es gibt viele gute Gründe fürs Fernsehen. Und gute dagegen. Einer der international bekanntesten Gehirnforscher, Prof. Dr. Manfred Spitzer, hat 5 Kinder und keinen Fernseher. Er hat festgestellt, dass mit der Zunahme an Fernsehzeit auch die Anzahl der Verbrechen in einer Gesellschaft ansteigt. Früher haben Familien miteinander gesprochen, gespielt, gearbeitet. Heute dominiert das Fernsehen, verdummende Serien, Gewalt ...
Natürlich gibt es auch sehr gute Filme, aber kontrolliere deinen eigenen Fernsehkonsum:
Was ist fürs Leben wichtig?
Also: Fernseher aus. Und stattdessen zum Beispiel Harry Potter auf Englisch lesen.

### 3. Der Sieg über die Computerspiele:

Natürlich gibt es nützliche Computerspiele. Aber auch viel Schrott. Das Leben ist zu kurz und zu schön für ein schlechtes Computerspiel.

# Lernen mit Computer und Internet

Die Welt hat sich geändert – und die Menschen.
Wer mit Computer und Handy aufgewachsen ist,
im digitalen Zeitalter also, kann ganz anders damit umgehen, als jemand, der das erst als Erwachsener kennen gelernt hat. Aus dem Gehirn des 20. Jahrhunderts hat sich das iBrain (Internet-Gehirn) des 21. entwickelt.
Und wer benutzt das? - Wir alle, aber unterschiedlich:

*Digital Natives* (= Eingeborene) nennt man die, die in diese digitale Welt hineingeboren sind. Sie bewegen sich mit schlafwandlerischer Sicherheit in diesen Medien. Das sind fast alle Kinder und Jugendlichen.

*Digital Immigrants* (= Einwanderer), das sind die, die sich schnell an die digitalen Geräte gewöhnt haben und in ihnen heimisch sind, meist jüngere Menschen, auch solche, die das studiert haben.

*Digital Assimilates* (Angepasste), nicht mehr ganz so junge Menschen, die sich aber alle Mühe geben, zurechtzukommen und Computer und Internet nach Kräften zu nutzen und schließlich

*Digital Volunteers* (Freiwillige), die die sich bemühen, aber nicht sehr weit kommen - was allerdings auch oft schon reicht.

Ihr alle, die ihr Schüler, Auszubildende, Studenten seid, seid Digital Natives - und ihr solltet das auch ausnutzen.
Alles, was hier im Folgenden beschrieben wird, ist zu finden und auszuprobieren auf:
www.studymobile.de

Sollten euch Lernboxen und Lernkärtchenschreiben altmodisch vorkommen – es gibt auch digitale Lernboxen! Das Programm, mit dem ihr die digitalen Lernboxen füllt, heißt SMF (= Study-MobileFactory, die mobile Lernkartenfabrik). Ihr könnt zunächst eine Probeversion kostenlos herunterladen und bei Gefallen damit sehr preiswert für euch selbst (Einzellizenz) oder für die ganze Klasse (Klassenlizenz) auf eurem Rechner nicht nur virtuelle Lernkärtchen verfassen, ihr könnt sie auch in einer virtuellen Lernbox trainieren. Das funktioniert genauso, wie das Lernen mit der dinglichen Lernbox.

Du würdest die Kärtchen aber gerne am Computer schreiben und dennoch ausdrucken, weil du gerne was in der Hand hast? Kein Problem, das geht alles mit der SMFprint.

Und das Beste: Wenn ihr die virtuelle Lernbox mitnehmen wollt, so ladet sie euch einfach aufs Handy (mit Bluetooth, Infrarot oder Datenkabel) und schon seid ihr mobil: in der Pause, zu Hause, zu Fuß und im Bus ...

Es gibt auch bereits fertige Lernprogramme für Deutsch, Mathe, Fremdprachen, Logik usw. und eine ganze Menge davon kosten gar nichts! Du kannst sie dir herunterladen bei: www.studymobile.de/wahnsinn. Und wenn du's mal ausprobieren willst, geh mit dem Wap-Server des Handys direkt auf: www.studymobile.de/go.wml

Für alle diejenigen, die statt des Handys ein iPhone besitzten – kein Problem: im App-Store gibt es von studymobile beispielsweise DUDEN-Programme (Rechtschreibung, Grammatik, Englisch, Französisch, Spanisch) und das Survival Kit mit den 158 allerwichtigsten Sätzen, mit denen man durch die Welt kommt und Murken, das medizinische Wörterbuch u.v.m.

Das größte Angebot zu allen digitalen Lernprogrammem (Schule, Studium, Ausbildung, Beruf, Freizeit (Führerschein, Golf, etc.) gibt es demnächst bei www.memothek.net.

# Keiner kann mehr lesen!

Ausbilder, Lehrer, Eltern und Wissenschaftler beklagen oft, dass die heutigen Schüler nicht mehr lesen könnten. Computer, Fernsehen, Handy, SMS - und vor allem die Google-Suche hätte dazu geführt, dass die Aufmerksamkeit nur noch wenige Zeilen durchgehalten werden könne. Die moderne Zeit führe zu einem Kulturverlust. Früher hätte es das nicht gegeben. Diesen Abkürzungsfimmel.
Stimmt das?

**Schauen wir uns doch mal die Geschichte der Kurztexte an.**
Heute fasziniert uns vor allem die SMS (eigentlich der SMS - denn ursprünglich war das die Abkürzung für short message service = Dienstleistung für kurze Nachricht; heute nennen wir die Nachricht selbst SMS).
Die auf 160 Zeichen beschränkte Nachricht zwingt zur Kurzfassung. Daraus hat sich eine ganz neue Informationskultur mit Abkürzungen und Emoticons entwickelt :-)) und auch im normalen Sprachgebrauch eingebürgert.

Kurztexte aber gab es schon immer:
Die ersten Emoticons dürften die Rauchzeichen gewesen sein, mit denen früher (Indianer) elementare Nachrichten übermittelt wurden. Rufe über weitere Strecken waren wichtige Signale, mit denen man sich unterhalten hat. Die Erfindung der Schrift war eine Verkürzung. Was mühsam in Lehm gebrannt auf wertvollem Papyrus niedergeschrieben oder in Stein gehauen wurde, zwang zur Kürze:
Die 10 Gebote umfassen 440 Zeichen (einschließlich Leerzeichen). Die bekommt man gut in drei SMS unter. Das kürzeste Gebot hat 24 (Du sollst nicht stehlen!), das längste 46 Zeichen (Du sollst keine anderen Götter neben mir haben).

Grabinschriften sind Kurztexte, das Morsen und Funken verkürzte die Sprache, die Telegramme ebenfalls („Ankomme Freitag den 13. um 14 Uhr, Christine.")
Alle Verkehrszeichen sind Kurztexte, die Symbole in Flughäfen und Wartehallen sind Kurztexte – das Internet hat hier also nichts Neues entwickelt, aber alte Fähigkeiten und Gewohnheiten zu neuen Möglichkeiten gebracht (vor allem zum Geldverdienen für die Netzewerkbetreiber: 2009 werden in Deutschland weit über 30 Milliarden SMS verschickt (pro SMS kostet das zwischen 3 und 19 Cent.
Und auch die Werbung über Google Adwords zwingt zur Kürze. In 4 Zeilen muss man sachlich und ohne die üblichen Internet-Abkürzungen darstellen, was man anbietet.

Also:
Die modernen Medien des Internets unterstützen uns darin, uns möglichst schnell und genau auszudrücken. Dabei greifen wir auf Methoden zurück, die wir einsetzen, seit wir miteinander kommunizieren.
Sprache verändert sich, Kommunikation verändert sich – das ist eigentlich nichts Neues. Jedenfalls kein Grund, pessimistisch zu werden. Und wer „Gut gegen Nordwind" gelesen hat, der weiß, dass E-Mails beim langwierigen Verlieben ähnlich wichtig sein können wie früher die Briefe und die langen Blicke.

# Das Internet-Studium

macht dich schlauer: Die PISA-Redaktion veranstaltet jedes Jahr Ende September ein neues Internet-Studium zu den Themen Lernen, Gehirnentwicklung, Gehirnforschung, Bildungsstandards, Weltwissen ... In 10 Studienbriefen stellen Wissenschaftler und Praktiker das neue Wissen vor – für Schüler, Eltern, Lehrer, Erzieher und Selbstlerner. Zu jedem Studienbrief gibt es Fragen und im folgenden Studienbrief die richtigen Antworten. Am Ende gibt es eine freiwillige Abschlussprüfung im Internet. Wer sie besteht, erhält ein Zertifikat. Es bestätigt ihm, dass er zertifizierter PISA-Lerntrainer für das Folgejahr ist. Und: das Ganze ist kostenlos und unverbindlich. Am besten gleich anmelden: www.pisa-training.de

# Alle meine Lernboxen

Es gibt sie in allen Arten und Größen! Die ...
**Maxi-Lernbox** ist die richtige für A7-Karten
**Midi-Lernbox** ist die richtige für A8-Karten
**Mini-Lernbox** ist die richtige für A9-Karten

Damit wir uns richtig verstehen:
Die Hälfte dieser Seite ist A7,
die Hälfte von A7 ist A8,
die Hälfte von A8 ist A9.

Alle drei Arten gibt es als ...

### Öko-Holzlernboxen von Werkhaus
aus umweltfreundlichen MDF-Platten. Schnell aufgebaut und grundsolide. Kann man nicht zerdrücken und nicht zerbeulen. Der Aufbau erklärt sich von selbst - aber dennoch, zur Sicherheit:
So sieht sie aus und
**so baut man sie auf:**

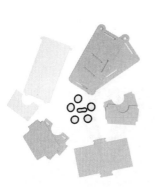

Das ist die mobile Trennwand für das 3. Fach, die Vorratskärtchen von den anderen trennt.

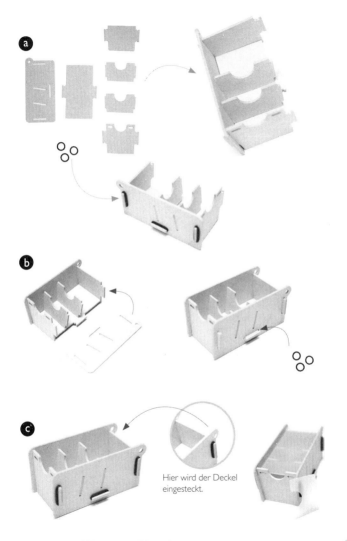

Hier wird der Deckel eingesteckt.

**Papplernboxen** aus stabilem Karton für alle, die verschiedene Boxen haben und doch wenig Geld ausgeben möchten. Die weißen Boxen können in 5er-, 10er-, 100er-Paketen erworben werden. Je mehr, desto billiger. Geeignet für Schul- und Klassenbestellungen.

Und so baut man sie auf.

Faltvariante 1:

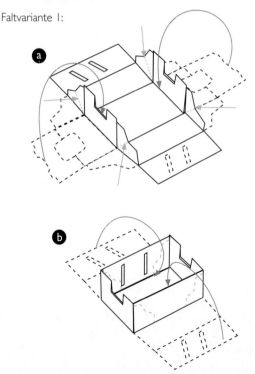

Faltvariante 2:

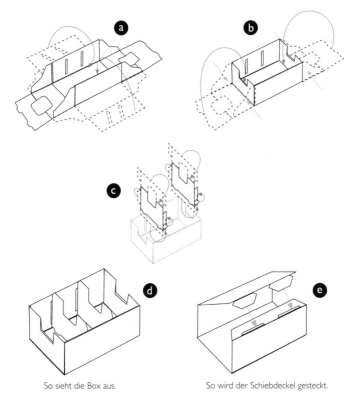

So sieht die Box aus.

So wird der Schiebdeckel gesteckt.

Die **Maxi-Karten** (A7) eignen sich besonders für komplexen Lernstoff. Du findest 8 solcher Karten (4 Blätter) mit den **Regeln der Rechtschreibung** zu allererst auf den folgenden Seiten.

Die **Midi-Karten** (A8) eignen sich für normalen Lernstoff, der von Hand eingetragen wird. 8 solcher Karten mit Rechenregeln (2 Blätter) folgen als nächste, dann 8 Karten (wieder 2 Blätter): **das kleine Einmaleins**.

Die **Mini-Karten** (A9) eignen sich besonders für Vokabeln. 16 solcher Karten enthalten **die unregelmäßigen englischen Verben,** sie folgen als letzte (4 Blätter).

Einfach die passenden Kartengrößen ausschneiden und gleich mal loslernen!

**D 01 ?**

In der deutschen Rechtschreibung gilt das
**Lautprinzip** - das bedeutet:

Im Allgemeinen schreibt man Buchstaben so, wie sie
lauten (klingen). Das stimmt aber oft nur ungefähr:
Am Wortende klingen b und d (Korb, Hund) wie p
und t. Das kann man jedoch z. B. durch Verlängerung
herausfinden: Korb —> Körbe
Der Laut a-i kann ai und ei geschrieben werden —>
lernen!, kurzes e und ä klingen gleich —> lernen!

**Was bedeutet das Lautprinzip für die**
   a) **s-, ß-, ss-Schreibung?**
   b) **für die z/tz-, k/ck-Schreibung?**

---

**D 02 ?**

**Getrenntschreibung** ist die Regel — das bedeutet,
man darf normalerweise getrennt schreiben:

**Verb + Verb:** *lachen müssen, spazieren gehen, stehen bleiben, getrennt leben ...*

**Substantiv + Verb:** *Auto fahren, Rat suchen, Schlange stehen ...*

**Adverb + Verb** immer getrennt bei „sein": *da sein, weg sein,* und bei: *allein sitzen, überhand nehmen*

**Adjektiv + Verb:** *schnell laufen, stark schielen ...*

Die Ausnahme von der Regel gilt immer dann,
**wenn der Sinn nicht mehr wörtlich ist —
Was bedeutet das?**

Man kann im Normalfall hören, wie man schreibt:

**D 01**

a) **s** ist **stimmhaft**, also weich gesprochen (*Riese*). Stimmhaft zwischen 2 Selbstlauten: immer s!
Vor Konsonanten kann man es nicht hören (*er liest*). In dem Fall muss man auf den Wortstamm zurückgreifen (*lesen*).
**ß** ist **stimmlos**. Es steht immer **nach langem Selbstlaut und Doppelselbstlaut**: *Straße, Buße, Strauß, heiß, müßig* ...
**ss** ist stimmlos. Es steht immer **nach kurzem Selbstlaut**: *Kasse, küssen, Masse, wissen, Bass, er lässt* ...

b) **z und k nur nach langem Selbstlaut**: *Kapuze, Haken,* **tz und ck nach kurzem Selbstlaut**: *Mütze, Hacke* ...

---

Bei

**D 02**

**Verb + Verb**: z.B.: *sitzen bleiben* (wörtlich) - aber *sitzenbleiben* = nicht versetzt werden; *stehen lassen* (wörtlich) - aber *stehenlassen* = sich abwenden

**Substantiv + Verb**: *kopfstehen* (man steht nicht wirklich auf dem Kopf), *leidtun* (er tut mir kein Leid an!)

**Adjektiv + Verb**: *kleinschreiben* (nicht wirklich winzig schreiben, sondern:) mit kleinem Anfangsbuchstaben schreiben, *schwarzfahren* = ohne Fahrschein fahren, *blaumachen* = nicht zur Arbeit gehen ...

**Faustregel**: Wird ein Begriff im übertragenen Sinn verwendet, schreibt man zusammen.

Das Deutsche verwendet die **Großschreibung** für
- Satzanfänge,
- Namen und alle
- Substantive (= Nomen, Hauptwörter, Namenwörter)

Wenn Adjektive zu einem Namen gehören, schreibt man sie auch groß: *Der Alte Fritz, der Indische Ozean, der Schiefe Turm zu Pisa ...*

**Alle Substantivierungen werden ebenfalls großgeschrieben. Was bedeutet das?**

D
03
?

---

**Man schreibt klein**, was kein Substantiv oder keine Substantivierung ist — natürlich gibt es Ausnahmen: Die Höflichkeitsform schreibt man groß, damit man besser unterscheiden kann:
*Ich habe Sie* (Anrede!) *gestern gesehen* <—> *Ich habe sie* (die Kinder) *gesehen.*
In Briefen darf man auch du/Du, dein/Dein, ihr/Ihr etc. großschreiben (man muss aber nicht!).

**Aber: verblasste Sustantive schreibt man klein — was ist damit gemeint?**

D
04
?

**D 03 !**

Wörter aus anderen Wortarten, die wie Substantive verwendet werden, schreibt man groß, sie können einen Artikel und ein Geschlecht haben, man kann sie verändern:

**Verben:** *lesen —> das Lesen, beim Lesen ...*
**Adjektive:** *alt —> die Alte, wegen der Alten ...*
**Pronomen:** *dein —> der Deine, auf Du und Du ...*
**Zahlwörter:** *vier —> eine Vier schreiben*
               *fünf —> Heinrich der Fünfte*

---

**D 04 !**

Der Wortursprung war ein Substantiv. Die ehemaligen Substantive können
a) in Verbindung mit „sein" zu **Adjektiven** werden: *angst und bange sein, pleite sein, schuld sein, spitze sein, wert sein ...*
b) auf -s oder -ns zu **Adverbien** oder **Konjunktionen** werden: *abends, samstags, willens ...*
c) in **Präpositionen** stecken, z.B.: *anstatt, mithilfe, zuliebe, mangels ...*

Kleingeschrieben werden auch Namen, die zu Adjektiven werden: Die *schillerschen* Gedichte, das *ohmsche* Gesetz ...

Ein betonter Vokal kann lang oder **kurz** sein.
Manchen Wörtern sieht man nicht an, dass der Vokal
kurz gesprochen wird, z. B.:
*plus, weg, zum* ... oder die betonte Silbe bei
*Himbeere, Imker* ... das gilt natürlich vor allem auch
für Fremdwörter: *Bus, Rum, Kaktus* ...

Meistens kann man die Aussprache aber an der
Schreibung erkennen,
vor ck und tz zum Beispiel wird der Vokal kurz
gesprochen: *Mütze, Backe* ...:
**In welchen anderen Fällen wird der betonte Vokal
kurz gesprochen?**

D
05
?

---

Ein betonter Vokal kann **lang** oder kurz sein.
Wenn einem Vokal nur ein Konsonant folgt, wird er
meistens lang gesprochen, z. B.:
*Qual, Tal, Dame, selig, Demut, Bibel, Igel, holen,
Ton, Schule, Glut* ...
Lang wird ein Vokal meistens auch gesprochen,
wenn er allein am Wortende steht: *da, Gnu,
Känguru, hü* ...

Man nennt das unbezeichnete Dehnung. Aber:
**Wie kann man eine Dehnung anzeigen?**

D
06
?

**D 05**

1. Bei **Konsonantenhäufung** wird der Vokal kurz gesprochen: *Hand, Hemd, Schild, Ort, Kult* oder sogar *Strumpf* (3 Konsonanten) und *halten, helfen, hindern, stolpern, huldigen* ...
hier folgen immer zwei Konsonanten auf einen Vokal. Hat das Wort aber nur einen Konsonanten, soll aber trotzdem kurz gesprochen werden,

2. ist **Konsonantenverdoppelung** nötig: *Hammel, Teller, Himmel, Koller, Butter* oder *fallen, stellen, bitten, rotten, bemuttern* ...

3. **Konsonantenhäufung und -verdoppelung** gibt es z.B. bei Ableitungen von verdoppelten Verben: *treffen —> du triffst, nehmen —> er nimmt* ...

---

**D 06**

Eine Dehnung wird angezeigt
1. durch **Vokalverdoppelung von a, e und o:** *Aas, Haar, Saat, Paar ... Beet, Reederei, Schnee, Klee ... Boot, Moos, Zoo ...*

2. durch das **ie**: *Liebe, schieben, Trieb, ...*

3. durch ein **Dehnungs-h.** Es steht meistens vor l, m, n, r: *Stuhl, lahm, ihn, Lohn, sehr* ...
oder wenn auf den langen Vokal ein unbetonter kurzer folgt oder folgen kann: *Nähe, Reihe, Mühe, Kuh (—> Kühe), bejahen* (trotz *ja*, weil ein kurzes unbetontes e folgt), *fähig* ...

In einem einzigen Fall gibt es zwei Dehnungszeichen: *Vieh*

**D 07**

Die **Bindestrichschreibung** erleichtert das Lesen, weil
- die Gliederung eines Wortes deutlich wird: *Fluss-Schiffahrt* (es wäre in dem Fall auch *Flussschifffahrt* möglich)
- anderseits zeigt sie an, dass der Begriff zusammengehört: *das Kopf-an-Kopf-Rennen*.

Bei manchen Zusammensetzungen kann man so die Worttbestandteile hervorheben: *der dass-Satz*, (*Dasssatz* wäre unverständlich), *der Ur-Instinkt* (wegen *Urin stinkt*) *Tee-Ernte* (besser lesbar als *Teeernte*). Das alles sind Kann-Regeln, aber:

**Wann ist Bindestrichschreibung erforderlich?**

---

**D 08**

Beim Zeilenwechsel werden Wörter **nach Silben getrennt:**
*die Do-nau-dampf-schiff-fahrt, der In-tel-li-genz-test ...*

Dabei muss man natürlich auf den Sinn achten, vor allem bei zusammengestzten Wörtern:
*Haus-ecke* (falsch: *Hau-secke*), *prozess-orientiert* (schlecht lesbar: *prozesso-rientiert*), *Druck-erzeugnis* (missverständlich: *Drucker-zeugnis*).

Abgesehen davon:
**Wie lauten die Trennregeln?**

Man braucht den **Bindestrich** immer
1. bei **Aneinanderreihungen**: *der Trimm-dich-Pfad, der 100-m-Lauf, Johann-Wolfgang-von-Goethe-Straße, Karl-Ruprechts-Universität ...*
2. bei **subtantiviertem Infinitiv mit mehr als zwei Bestandteilen**: *zum Aus-der-Haut-Fahren, beim Bus- und-Bahn-Fahren ...* aber: *zum Auswendiglernen* (weil hier nur 2 Bestandteile!)
3. bei **Zusammenschreibung** mit Einzelbuchstaben: *U-Form, Plural-s, y-Achse ...*, Abkürzungen: *AIDS-Test, CDU-Fraktion ...*, Ziffern: *3-fach, 15-jährig ...*
4. wenn **Nachsilben an einzelne Buchstaben** angehängt sind: *n-te Potenz*, weil sonst schlecht lesbar (nicht bei Zahlen: *5te*, weil gut lesbar)!

**D 07 !**

---

1. Die Worttrennung erfolgt **nach Sprechsilben**: *Bau-er, teu-er, Ge-org ...*

2. Ist **ein Konsonant** vorhanden, kommt der auf die neue Zeile: *be-ten, heu-len, Ha-be ...*
weil als ein Konsonant gesprochen, gilt das auch für ch, ck, sch, ph, th: *Sa-che, Bä-cker, Ta-sche, Stro-phe, pa-thetisch ...*

3. Sind zwei oder mehr vorhanden, kommt **der letzte Kononant** auf die neue Zeile: *hel-fen, Kas-ten, Strümp-fe, geküns-telt ...*

4. Am Wortanfang, Wortende und in der Wortfuge **keine einzelnen Vokale abtrennen**, also: *uto-pisch, Treue, Geo-grafie* (also nicht: *Ge-ografie*)*...*

**D 08 !**

## M02

**489 + 365 = ?**

So geht es leicht:
Zuerst: die Hunderter!
Dann: die Zehner!
Zuletzt: die Einer!

## M04

**8 · 26 = ?**

So geht es leicht:
Zuerst: die Zahl mal die Zehner!
Dann: die Zahl mal die Einer!
Zuletzt: Ergebnisse zusammenzählen!

## M01

**338 + 267 = ?**

So kannst du rechnen:

338 + 200 = ?
538 + 60 = ?
598 + 7 = ?
328 + 267 = ?

## M03

**7 · 18 = ?**

So kannst du rechnen:

7 · 10 = ?
7 · 8 = ?
7 · 18 = ?

**M 01**

489 + 365 = ?

338 + 267 = ?

So geht es leicht:
489 + 300 = 789
789 + 60 = 849
849 + 5 = 854
**489 + 365 = 854**

**M 02**

338 + 200 = 538
538 + 60 = 598
698 + 7 = 605
**328 + 267 = 605**

**M 03**

8 · 26 = ?

7 · 18 = ?

So geht es leicht:
8 · 20 = 160
8 · 6 = 48
**8 · 26 = 208**  (160 + 48)

**M 04**

7 · 10 = 70
7 · 8 = 56
**7 · 18 = 136**  (70 + 56)

## M 06

**927 − 349 = ?**

So geht es leicht:
Zuerst: die Hunderter!
Dann: die Zehner!
Zuletzt: die Einer!

## M 08

**438 : 3 = ?**

So geht es leicht:
Zerlege geschickt
in Zahlen,
die sich durch 3 teilen lassen!

## M 05

**746 − 258 = ?**

So kannst du rechnen:

746 − 200 = ?
546 −  50 = ?
496 −   8 = ?
746 − 258 = ?

## M 07

**294 : 7 = ?**

So kannst du rechnen:

280 : 7 = ?
 14 : 7 = ?
294 : 7 = ?

## M 06

927 − 349 = ?

So geht es leicht:

927 − 300 = 627
627 −  40 = 587
587 −   9 = 588

927 − 349 = 589

## M 08

438 : 3 = ?

420 : 3 = 140
 18 : 3 =   6

**438 : 3 = 146**   (140 + 6)

So geht es auch:

300 : 3 = 100
120 : 3 =  40
 18 : 3 =   6

**438 : 3 = 148**   (100 + 40 + 8)

## M 05

746 − 258 = ?

So kannst du rechnen:

746 − 200 = 546
546 −  50 = 496
496 −   8 = 488

**746 − 258 = 488**

## M 07

294 : 7 = ?

So kannst du rechnen:

280 : 7 = 40
 14 : 7 =  2

**294 : 7 = 42**   (40 + 2)

## M 01

1 · 2 =
2 · 2 =
3 · 2 =
4 · 2 =
5 · 2 =

6 · 2 =
7 · 2 =
8 · 2 =
9 · 2 =
10 · 2 =

## M 02

1 · 3 =
2 · 3 =
3 · 3 =
4 · 3 =
5 · 3 =

6 · 3 =
7 · 3 =
8 · 3 =
9 · 3 =
10 · 3 =

## M 03

1 · 4 =
2 · 4 =
3 · 4 =
4 · 4 =
5 · 4 =

6 · 4 =
7 · 4 =
8 · 4 =
9 · 4 =
10 · 4 =

## M 04

1 · 5 =
2 · 5 =
3 · 5 =
4 · 5 =
5 · 5 =

6 · 5 =
7 · 5 =
8 · 5 =
9 · 5 =
10 · 5 =

# M 01

1 · 2 = **2**
2 · 2 = **4**
3 · 2 = **6**
4 · 2 = **8**
5 · 2 = **10**

6 · 2 = **12**
7 · 2 = **14**
8 · 2 = **16**
9 · 2 = **18**
10 · 2 = **20**

# M 02

1 · 3 = **3**
2 · 3 = **6**
3 · 3 = **9**
4 · 3 = **12**
5 · 3 = **15**

6 · 3 = **18**
7 · 3 = **21**
8 · 3 = **24**
9 · 3 = **26**
10 · 3 = **30**

# M 03

1 · 4 = **4**
2 · 4 = **8**
3 · 4 = **12**
4 · 4 = **16**
5 · 4 = **20**

6 · 4 = **24**
7 · 4 = **28**
8 · 4 = **32**
9 · 4 = **36**
10 · 4 = **40**

# M 04

1 · 5 = **5**
2 · 5 = **10**
3 · 5 = **15**
4 · 5 = **20**
5 · 5 = **25**

6 · 5 = **30**
7 · 5 = **35**
8 · 5 = **40**
9 · 5 = **45**
10 · 5 = **50**

## M 05

1 · 6 =
2 · 6 =
3 · 6 =
4 · 6 =
5 · 6 =

6 · 6 =
7 · 6 =
8 · 6 =
9 · 6 =
10 · 6 =

## M 06

1 · 7 =
2 · 7 =
3 · 7 =
4 · 7 =
5 · 7 =

6 · 7 =
7 · 7 =
8 · 7 =
9 · 7 =
10 · 7 =

## M 07

1 · 8 =
2 · 8 =
3 · 8 =
4 · 8 =
5 · 8 =

6 · 8 =
7 · 8 =
8 · 8 =
9 · 8 =
10 · 8 =

## M 08

1 · 9 =
2 · 9 =
3 · 9 =
4 · 9 =
5 · 2 =

6 · 9 =
7 · 9 =
8 · 9 =
9 · 9 =
10 · 9 =

## M 06

1 · 7 = **7**
2 · 7 = **14**
3 · 7 = **21**
4 · 7 = **28**
5 · 7 = **35**

6 · 7 = **42**
7 · 7 = **49**
8 · 7 = **56**
9 · 7 = **63**
10 · 7 = **70**

## M 08

1 · 9 = **9**
2 · 9 = **18**
3 · 9 = **27**
4 · 9 = **36**
5 · 9 = **45**

6 · 9 = **54**
7 · 9 = **63**
8 · 9 = **72**
9 · 9 = **81**
10 · 9 = **90**

## M 05

1 · 6 = **6**
2 · 6 = **12**
3 · 6 = **18**
4 · 6 = **24**
5 · 6 = **30**

6 · 6 = **36**
7 · 6 = **42**
8 · 6 = **48**
9 · 6 = **54**
10 · 6 = **60**

## M 07

1 · 8 = **8**
2 · 8 = **16**
3 · 8 = **24**
4 · 8 = **32**
5 · 8 = **40**

6 · 8 = **48**
7 · 8 = **56**
8 · 8 = **64**
9 · 8 = **72**
10 · 8 = **80**

| | |
|---|---|
| be - ... / ... - ... **E**<br>01<br>?<br><br>(sein, war gewesen) | begin - ... - ... **E**<br>02<br>?<br><br>(anfangen - fing an - angefangen) |
| bring - ... - ... **E**<br>03<br>?<br><br>(bringen - brachte - gebracht) | buy - ... - ... **E**<br>04<br>?<br><br>(kaufen - kaufte - gekauft) |
| come - ... - ... **E**<br>05<br>?<br><br>(kommen - kam - gekommen) | do - ... - ... **E**<br>06<br>?<br><br>(tun - tat - getan) |
| drink - ... - ... **E**<br>07<br>?<br><br>(trinken - trank - getrunken) | eat - ... - ... **E**<br>08<br>?<br><br>(essen - aß - gegessen) |

| | |
|---|---|
| begin - **began - begun** · E 02 | be - **was/were - been** · E 01 |
| buy - **bought - bought** · E 04 | bring - **brought - brought** · E 03 |
| do - **did - done** · E 06 | come - **came - come** · E 05 |
| eat - **ate - eaten** · E 08 | drink - **drank - drunk** · E 07 |

| fall - ... - ...<br>(fallen - fiel - gefallen) **E 09** ? | give - ... - ...<br>(geben - gab - gegeben) **E 10** ? |
|---|---|
| go - ... - ...<br>(gehen - ging - gegangen) **E 11** ? | have/has - ... - ...<br>(haben - hatte - gehabt) **E 12** ? |
| hear - ... - ...<br>(hören - hörte - gehört) **E 13** ? | know - ... - ...<br>(wissen - wusste - gewusst) **E 014** ? |
| lay - ... - ...<br>(legen - legte - gelegt) **E 15** ? | lead - ... - ...<br>(führen - führte - geführt) **E 16** ? |

| give – **gave – given** | E 10 | fall – **fell – fallen** | E 09 |
| have/has – **had – had** | E 12 | go – **went – gone** | E 11 |
| know – **knew – known** | E 14 | hear – **heard – heard** | E 13 |
| lead – **led – led** | E 16 | lay – **laid – laid** | E 15 |

| | |
|---|---|
| lie – ... – ...    **E**₁₇ ❓<br><br>(liegen – lag – gelegen) | make – ... – ...    **E**₁₈ ❓<br><br>(machen – machte – gemacht) |
| meet – ... – ...    **E**₁₉ ❓<br><br>(treffen – traf – getroffen) | pay – ... – ...    **E**₂₀ ❓<br><br>(bezahlen – bezahlte – bezahlt) |
| put – ... – ...    **E**₂₁ ❓<br><br>(setzen/stellen/legen – setzte – gesetzt) | read – ... – ...    **E**₂₂ ❓<br><br>(lesen – las – gelesen) |
| run – ... – ...    **E**₂₃ ❓<br><br>(rennen – rannte – gerannt) | say – ... – ...    **E**₂₄ ❓<br><br>(sagen – sagte – gesagt) |

| make –<br>**made – made** E 18 | lie –<br>**lay – lain** E 17 |
| --- | --- |
| pay –<br>**paid – paid** E 20 | meet –<br>**met – met** E 19 |
| read –<br>**read – read** E 22 | put –<br>**put – put** E 21 |
| say –<br>**said – said** E 24 | run –<br>**ran – run** E 23 |

| | |
|---|---|
| see - ... - ...    E 25 ?<br><br>(sehen - sah - gesehen) | sing - ... - ...    E 26 ?<br><br>(singen - sang - gesungen) |
| sit - ... - ...    E 27 ?<br><br>(sitzen - saß - gesessen) | speak - ... - ...    E 28 ?<br><br>(sprechen - sprach - gesprochen) |
| stand - ... - ...    E 29 ?<br><br>(stehen - stand - gestanden) | take - ... - ...    E 30 ?<br><br>(nehmen - nahm - genommen) |
| think - ... - ...    E 31 ?<br><br>(denken - dachte - gedacht) | write - ... - ...    E 32 ?<br><br>(schreiben - schrieb - geschrieben) |

| | |
|---|---|
| sing - **sang (sung) - sung**   E 26 | see - **saw - seen**   E 25 |
| speak - **spoke - spoken**   E 28 | sit - **sat - sat**   E 27 |
| take - **took - taken**   E 30 | stand - **stood - stood**   E 29 |
| write - **wrote - written**   E 32 | think - **thought - thought**   E 31 |

# Liebe Eltern,

das können wir Ihren Kindern (und teilweise auch Ihnen) bieten: Sieben Bausteine zum selbstständigen Lernen ab Klasse 1 bis Klasse 10 für Deutsch, Mathematik, Englisch und Logik (mehr dazu auf Seite 36) – und alles, was man danach zum Lernen braucht. Bücher und Hefte, Lernboxen, Lernprogramme für PC, Handy und iPhone (sehen Sie nach bei www.studymobile.de).

Das Besondere:

Alles ist miteinander vernetzt und alles kann unabhängig voneinander gelernt werden. Lernen von der Wiege bis zur Bahre. Und immer unter Beachtung der Gesetze der Ähnlichkeitshemmung (siehe Seite 37).

Hier die Bausteine im Einzelnen:

### Die Lernboxen aus Pappe und die Werkhaus-Öko-Lernbox:

Dieses Lernbüchlein, das Sie gerade lesen und das jeder Bestellung von Lernboxen beiliegt, übt mit Ihrem Kind die sinnvollste Art des Lernens. Und die neuen 3-Fächer-Lernboxen (tägliches, wöchentliches und monatliches Wiederholen) bringen dann die vom Schüler selbst erarbeiteten oder die vom Lehrer vorbereiteten Lerninhalte schnell und sicher in den Kopf.

Mehr dazu bei www.lundi-lernen.de/Lernbox.

Diese Art des selbstständigen Lernens begleitet Sie und Ihre Kinder lebenslang. Es gibt keinen effektiveren und sinnvolleren Weg.

### Das Lesetraining in 6 Heften:

Grundkurs 1+2, Mittelkurs 1+2, Aufbaukurs 1+2.

Ein einzigartiger Lehrgang, der altersunabhängig ist und auch von Erwachsenen mit Leseproblemen mit Erfolg absolviert werden kann. Jedes Heft mit wirksamen Arbeitsaufgaben, Lernbox und Lernübungskarten. Bezug: www.lundi.lernen.de/Lesetraining.

**Die GRIPSpakete** für Klasse 1, 2, 3, 4, 5, 6, 7, 8, 9 und 10. In jedem GRIPSpaket sind drei Arbeitshefte Deutsch, Mathematik und Englisch – und zusätzliche Lernkärtchenprogramme für D, M, E und Logik. Perfekt aufeinander abgestimmt. Die neuen Bildungsstandards in lebensnahen PISA-Aufgaben mit Schritt-für-Schritt-Lösungshilfen, 3-Fächer-Lernboxen und Lernkärtchen. Das Schuljahr in 7-Meilen-Lernstiefeln: Mehr Infos dazu auf Seite 36 und bei www.lundi-lernen.de/GRIPSpakete.

**Lernprogramme für PC und Handy:**
Bei www.studymobile.de/wahnsinn laden sich Ihre Kinder (und natürlich auch Sie) den Vokabeltrainer Englisch oder Französisch oder Lateinisch auf den Rechner, den Einbürgerungstest (gut für die Allgemeinbildung), die unregelmäßigen englischen Verben etc. Und bei www.studymobile.de/go.wml können Sie sich direkt aufs Handy die schönsten Balladen von Schiller laden, den Wahrig Rechtschreibtrainer, die Azubi-Tipps gegen Prüfungsangst etc.
Das beste aber: Mit der Studymobile Factory (SMF) kann jeder, der ein Word-Dokument öffnen und beschreiben kann, sich eigene Lernprogramme für den PC, das Handy, die Playstation, das Smartphone erstellen und mit der virtuellen 3-Fächer-Lernbox lernen: Regeln, Rechtschreibung, Grammatik, Kopfrechenaufgaben, Geschichte, Naturwissenschaften, Allgemeinbildung. Einfach die Software herunterladen: www.studymobile.de/factory

**Tandello-Lernprogramme** für das Lernen zu zweit:
Bei www.lundi-lernen.de gibt es perforierte A4-Bogen für Lernkärtchen A9, A8, A7 für jeden Drucker. Mit der Software SMF-Print (bei www.studymobile.de) lassen sich die Bogen mit jedem handelsüblichen Drucker bedrucken. Oder Sie nehmen die fertigen Tandello-Kopiervorlagen (www.lundi-lernen.de) für Deutsch, Mathe und Englisch Klasse 1 bis 10. Diese Kopien können Sie so falten, dass Schüler X Schülerin Y gegenübersitzt, bei den ersten 8 Kärtchen die Fragen vorliest und sie zu beantworten versucht, während Schülerin Y die Antworten sieht und Schüler X daher beim Beantworten Hilfestellung geben kann. Danach liest Schülerin Y die Fragen vor und versucht mit Hilfe von Schüler X zu antworten, der die richtigen Lösungen sieht (siehe auch Seite 31). Dieses Tandem-Lernen erfreut sich bis in die Jungmanagerseminare großer Beliebtheit.

**„Federleicht lernen"**
Vier Hefte einer Reihe preiswerter A5-Bändchen, in denen das Wichtigste in der kürzestmöglichen Form zusammengefasst ist. Diese Hefte gibt es für Deutsch, Mathematik, Englisch und für die Bewerbung (wenn man endlich ins Leben darf).
In jedem Heft ist alles Notwendie derart klar und übersichtlich dargestellt, dass es jeder Schüler sofort begreift. Sie eignen sich zum Nachholen von Versäumtem und zum schnellen Nachschlagen. Da die Hefte so preiswert sind, lohnt sich kein Einzelstückversand - Sie bekommen sie im 10er-Pack. Garantiert werden Sie begeisterte Abnehmer finden!
Sehen Sie nach bei www.lundi-lernen.de.

**Das kostenlose Internet-Studium**
mit Abschlussprüfung:
Hier können Sie sich anmelden: www.pisa-training.de. Wir starten jeweils am vorletzten Montag im September und enden Anfang Dezember mit einer Abschlussprüfung im Internet. Die 10 Studienbriefe berichten über das Lernen, das Gehirn, Lerntipps, die Ähnlichkeitshemmung, die gute Schule, Glück und die Zukunft. Wer die Prüfung besteht, erhält ein Urkunde als „zertifizierter PISA-Lerntrainer" für das folgende Kalenderjahr. In jedem Jahr gibt es einen neuen Studienbrief dazu.
Für Schüler (ab Klasse 4), Erzieher, Eltern, Lehrer, Buchhändler und selbstständige Lerner.
Und auf den folgenden Seiten gibt es Lernhappen speziell für Sie! Sie stammen aus dem Büchlein **Konzentriert geht's wie geschmiert.** Bestellnr. bei lundi-lernen.de: 28262.

**01** ❓

Jeder hat eine Vorstellung davon, was Konzentration sein könnte. Entsprechend viele verschiedene Definitionen gibt es, z.B. „Konzentration ist die Fähigkeit, einem Lernstoff eine Zeitlang ungeteilte Aufmerksamkeit zu schenken."

*Was verstehen Sie unter Konzentration?*

---

**02** ❓

Eine Schulstunde dauert 45 Minuten. Was glauben Sie, wie lange kann sich ein Kind im Alter von
- 5 bis 7 Jahren,
- 8 bis 9 Jahren,
- 10 bis 12 Jahren und
- älter als 12 Jahren

***maximal konzentrieren?***

---

**03** ❓

In die Sprechstunde von Schulpsychologen kommen häufig Eltern, die berichten, ihr Kind könne sich bei den Hausaufgaben nicht konzentrieren, aber stundenlang Gameboy spielen. Fernsehen sei auch kein Problem.

*Was glauben Sie, woran das liegen könnte!*

---

**04** ❓

Unkonzentrierte Kinder machen häufig Fehler. Viele geraten dadurch in einen Teufelskreis, durch den sich die Probleme weiter verstärken.

*Wie könnte ein solcher Teufelskreis aussehen?*

Konzentration umfasst eine Vielzahl von Fertigkeiten.
Dazu gehören z.B.:
- genaues Hinschauen,
- aufgabenbezogenes Denken,
- sich Lerninhalte merken und wiedergeben können.

01

Kinder können sich höchstens
15 Minuten im Alter von 5 bis 7 Jahren,
20 Minuten im Alter von 8 bis 9 Jahren,
25 Minuten im Alter von 10 bis 12 Jahren und
30 Minuten ab 12 Jahren konzentrieren.

02

Konzentration ist eng mit Motivation verbunden.
Viele angeblich unkonzentrierte Kinder haben lediglich keine Lust auf die Hausaufgaben. Sie lenken sich dann schneller ab, gucken aus dem Fenster und verwickeln den Erwachsenen in Diskussionen über den Sinn und Unsinn der Aufgaben. Beim Gameboyspielen oder Fernsehen hingegen gibt es diese Motivationsprobleme nicht.

03

Unkonzentriertes Arbeiten wird kritisiert, wodurch die Lust an der Schule und das Selbstbewusstsein sinken. Das Kind traut sich nichts mehr zu, braucht Unterstützung und vermeidet die Aufgaben. Dadurch wird es unselbstständiger, macht mehr Fehler und wird wiederum kritisiert.
Der Teufelskreis schließt sich.

04

05

Im Laufe des Tages konzentriert sich jeder Mensch unterschiedlich gut. Am schlechtesten konzentriert sich ein Schulkind nach dem Essen und am Abend.

*Wann kann sich ein Schulkind am besten konzentrieren*
*Und wie kann eine entsprechende Tageskurve aussehen?*

06

Sie haben die Vermutung, Ihr Kind sei unkonzentriert.

*Woran merken Sie das?*

07

Es gibt zwei Typen von unkonzentrierten Kindern:
den Zappelphilipp, der die Aufgabenstellung nur überfliegt und in fünf Minuten fertig ist, und die verträumte Chaosprinzessin, die ihre Mutter zur Weißglut bringt, weil sie stundenlang an den Hausaufgaben sitzt.

*Wie werden die beiden von der Wissenschaft genannt?*

08

Nach dem amerikanischen Psychologen Russen Barkley zeigen unkonzentrierte Kinder Probleme in drei Bereichen. Er nennt dies die „heilige Dreifaltigkeit" der Hyperaktivität.

*Welche meint er?*

Das Kind ist leicht ablenkbar:
Es liest die Aufgabenstellung nur
oberflächlich oder gar nicht durch,
weil es sich mit anderen Dingen
beschäftigt (z.B. aus dem Fenster
gucken, mit dem Bleistift spielen, an
andere Dinge denken ...)
Es arbeitet entweder zu schnell
oder trödelt und macht dabei viele
Flüchtigkeitsfehler.

Am besten konzentriert sich ein Kind
gegen 10.00 Uhr und 16.00 Uhr. Die
Tagesformkurve sieht dann aus wie eine
Achterbahn.

Er bezieht sich auf folgende Bereiche
(auch Kardinalsymptome genannt):
**Unaufmerksamkeit**, dazu gehören
Flüchtigkeitsfehler und der Verlust von
Materialien, **Hyperaktivität**, das Kind
steht in unpassenden Situationen auf
(z.B. bei der Stillarbeit) und fällt ständig
vom Stuhl - und **Impulsivität**, wozu das
häufige Unterbrechen anderer und das
Herausplatzen mit Antworten gehören.

Die Wissenschaftler sprechen von einer
Aufmerksamkeits-Defizit-Störung mit
Hyperaktivität beim Zappelphilipp
(ADHS)
und einer ADS ohne Hyperaktivität bei
der verträumten Chaosprinzessin (ADS)

09 ❓

Nennen Sie Voraussetzungen, die erfüllt sein müssen, damit ein Kind konzentriert arbeiten kann!

10 ❓

Klar strukturierte Abläufe sind für unkonzentrierte Kinder sehr wichtig. Ein klar strukturierter Tagesablauf ist dafür eine wichtige Voraussetzung.

*Wie kann ein solcher Tagesablauf aussehen?*

11 ❓

Der Lernpsychologe Professor Manfred Spitzer hat fünf Kinder, aber keinen Fernseher.
Er sagt „Sie als Eltern müssen den Kampf gegen das Fernsehen gewinnen!"

*Wie lange sollte ein Kind am Tag maximal fernsehen?*

12 ❓

Ein Grundschulkind kann höchstens 15-20 Minuten aufmerksam arbeiten.

*Was machen Sie, damit es sich wieder konzentrieren kann?*

Unkonzentrierte Kinder kommen am besten zur Ruhe, wenn Tagesabläufe weitestgehend geregelt sind und immer ablaufen.

Ich kann dafür sorgen, dass mein Kind jeden Tag zur selben Zeit
- aufsteht,
- seine Hausaufgaben macht und
- einmal am Tag mit einem Erwachsenen isst.

Damit ein Kind sich wieder konzentrieren kann, braucht es zwischendurch Pausen von ungefähr fünf Minuten

In dieser Zeit kann ich mit dem Kind spielen, es belohnen und so die Konzentration wieder aufbauen.

Ich muss darauf achten, dass es
- ausreichend schläft,
- einen hellen und frei geräumten Arbeitsplatz hat
- und nicht gestört wird.

Unter solchen Bedingungen kann es sich gut konzentrieren, weil es ausgeschlafen ist, seine Materialien auf Anhieb findet und wenig von außen abgelenkt wird.

Die Fernsehzeit eines Kindes sollte am Tag zwei Stunden nicht überschreiten. Dazu zählen auch Gameboy-, Nintendo- und Computerspiele. Vor allem abends ist fernsehen ungünstig. Die grellen Sinneseindrücke, ständig wechselnde Bilder und aufregende Geschichten wühlen die Kinder auf. Erzähle ich eine Geschichte, hört es leise Musik oder liest, beruhigt es sich und kann besser einschlafen.

# Liebe Kollegin, lieber Kollege,

Mit diesen sieben Bausteinen zum selbstständigen Lernen ab Klasse 1 bis Klasse 10 für Deutsch, Mathematik und Englisch erleichtern wir Ihnen Ihre Arbeit:

**Die GRIPSpakete** - mehr dazu auf Seite 36.
Fertige Hefte, Lernboxen und Lernprogramme finden Sie bei www.lundi-lernen.de und jede Menge

**Lernprogramme für PC, Handy und iPhone**
finden Sie bei www.studymobile.de. Und mit der Studybile Factory (SMF) können Ihre Schüler Lehrer werden:
Sie geben Hassan die Vokabelliste für den nächsten Englischtest und bitten ihn, daraus ein Handy-Lernprogramm für die ganze Klasse zu machen.
Oder: Philipp fasst die wichtigsten Daten für die Geschichtsarbeit zusammen und stellt das Programm zum kostenlosen Download auf die Homepage der Schule.
Dircelina bereitet einen MC-Test zur Allgemeinbildung vor.
Das Besondere an den nachfolgenden Angeboten:
Alles ist miteinander vernetzt und alles kann unabhängig voneinander gelernt werden - immer unter Beachtung der Gesetze der Ähnlichkeitshemmung (siehe Seite 36).
(Für das alles brauchen Sie preiswerte Rechner für die ganze Klasse, gebraucht und gewartet und mit Garantie? Kein Problem: www.uli-ludwig.de besorgt Ihnen alles und vernetzt Ihr Klassenzimmer.)
Und nun die Bausteine im Einzelnen:

### Lernboxen

aus Pappe und die Werkhaus-Öko-Lernbox:
Dieses Lernbüchlein, das Sie gerade lesen und das jeder Bestellung von Lernboxen beiliegt, übt mit Ihren Schülern die sinnvollste Art des Lernens. Die neuen 3-Fächer-Lernboxen (tägliches, wöchentliches und monatliches Wiederholen) bringen dann die von den Schülern selbst erarbeiteten oder von Ihnen vorbereiteten Lerninhalte schnell und sicher in den Kopf.
Mehr dazu bei www.lundi-lernen.de.

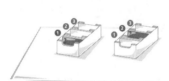

### Das Lesetraining

in 6 Heften: Grundkurs 1+2, Mittelkurs 1+2, Aufbaukurs 1+2.
Ein einzigartiger Lehrgang, der altersunabhängig ist, weil Nichtlesenkönnen nicht notwendig an die erste Klasse gekoppelt ist. Jedes Heft mit wirksamen Arbeitsaufgaben, Lernbox und Lernübungskarten.
Bezug: www.lundi.lernen.de

**Die GRIPSpakete** für Klasse 1, 2, 3, 4, 5, 6, 7, 8, 9 und 10. In jedem GRIPSpaket sind drei Arbeitshefte Deutsch, Mathematik und Englisch – und zusätzliche Lernkärtchenprogramme für D, M, E und Logik. Perfekt aufeinander abgestimmt. Die neuen Bildungsstandards in lebensnahen PISA-Aufgaben mit Schritt-für-Schritt-

Lösungshilfen, 3-Fächer-Lernboxen und Lernkärtchen.
Das Schuljahr in 7-Meilen-Lernstiefeln. Hervorragend geeignet für Freiarbeit (einfach die Seiten heraustrennen und in Klarsichtfolien stecken). Mehr dazu: Seite 36.

**Lernprogramme**
für PC und Handy:
Bei www.studymobile.de/wahnsinn können sich Ihre Schüler (und natürlich auch Sie) den Vokabeltrainer Englisch oder Französisch oder Lateinisch auf den Rechner laden, den Einbürgerungstest (der ist gut für die Allgemeinbildung), die unregelmäßigen englischen Verben u.v.m. Und bei www.studymobile.de/go.wml können sie sich direkt aufs Handy die schönsten Balladen von Schiller laden, den Wahrig Rechtschreibtrainer, die Azubi-Tipps gegen Prüfungsangst etc.
Das beste aber: Mit der Studymobile Factory (SMF) kann jeder, der ein Word-Dokument öffnen und beschreiben kann, sich eigene Lernprogramme für den PC, das Handy, die Playstation, das Smartphone erstellen und mit der virtuellen 3-Fächer-Lernbox lernen: Regeln, Rechtschreibung, Grammatik, Kopfrechenaufgaben, Geschichte, Naturwissenschaften, Allgemeinbildung, Musik und Sport: www.studymobile.de/factory.
Bei www.lundi-lernen.de gibt es perforierte A4-Bogen für Lernkärtchen A9, A8 und A7 für jeden Drucker. Mit der Software SMF-Print (bei www.studymobile.de) lassen sich diese Bogen mit jedem handelsüblichen Drucker bedrucken.
Die Tandello-Lernprogramme für das Lernen zu zweit:
Fertige Tandello-Kopiervorlagen (www.lundi-lernen.de) für Deutsch, Mathematik und Englisch Klasse 1 bis 10.
Wie es funktioniert, ist erklärt auf Seite 31.

**„Federleicht lernen":**

preiswerte A5-Hefte, in denen das Wichtigste in der kürzestmöglichen Form zusammengefasst ist. Für das zügige Nacharbeiten von verpasstem Lernstoff und zum schnellen Nachschlagen! Diese Hefte gibt es für Deutsch, Mathematik, Englisch und für die Bewerbung (wenn man endlich ins Leben darf). Nur bei www.lundi-lernen.de. Da die Einzelhefte so preiswert sind, lohnt sich kein Einzelstückversand (Einzelhefte können preiswert downgeladen werden). Bestellen Sie Hefte im 10er-Pack - sie finden garantiert begeisterte Abnehmer.

**Das kostenlose Internet-Studium**

mit Abschlussprüfung im Internet und Zertifikat bei www.pisa-training.de. Wir starten jeweils am vorletzten Montag im September und enden Anfang Dezember. Die 10 Studienbriefe berichten über das Lernen, das Gehirn, Lerntipps, die Ähnlichkeitshemmung, gute Schule, Glück und die Zukunft. Wer die Prüfung besteht, erhält ein Urkunde als „zertifizierter PISA-Lerntrainer" für das folgende Jahr. Für Schüler (ab Klasse 4) und Erwachsene.

Schüler werden so zu qualifizierten Lern-Tutoren für ihre Mitschüler, Lehrer geben eine Kopie des Zertifikats in ihre Personalakte, Eltern werden solidarische Begleiter schulischer Bildungsprozesse. Es folgt jährlich ein neuer Studienbrief, die anderen werden aktualisiert

Und nun die Themen der letzten 10 Studienbriefe - bei einigen drucken wir ein paar Sätze ab, damit Sie sich ein Bild von Stil und Ton machen können:

### 1: Rosa Zellen

*Bis zu seiner Geburt durchläuft das wachsende Kind verschiedene Stadien: Als Embryo durchläuft es Entwicklungen, in denen es tierischen Embryonen aus der Entwicklungsgeschichte ähnelt – und erst 14 Tage nach der Befruchtung gibt es erste Anzeichen von Individualität.*

*Auch das Gehirn durchläuft in seiner Entwicklung verschiedene Phasen – und gelangt am Ende zur Weisheit – wenn wir Glück haben. Weisheit kann entstehen, wenn das Gehirn in seinem Leben beim Problemlösen Muster erkannt und genutzt hat und nun aufgrund dieser jahrelangen Erfahrungen auf der Grundlage dieser Muster gelassener Entscheidungen treffen kann ...*

## 2: Lerntipps
Die Kurzform der Lerntipps finden Sie ab Seite 8.

## 3: Lernhemmungen
*Der Psychologe Hubert Rohracher (1963) unterschied folgende Formen von Gedächtnishemmungen:*

*1. proaktive Hemmung:*
*Ein unmittelbar vorhergehender Lernprozess beeinträchtigt das Lernen darauffolgender Inhalte.*

*2. retroaktive Hemmung (rückwirkende Hemmung): Das Lernen und Behalten eines zuerst gelernten Stoffes wird durch Lernstoffe, die später eingeübt werden, behindert.*
*Dies lässt sich besonders dann beobachten, wenn der zweite Lerninhalt mit dem ersten Ähnlichkeiten aufweist. Beispielsweise wird eine Telefonnummer leicht vergessen, wenn man sich eine andere Telefonnummer merkt.*

*3. affektive Hemmung: Treten zwischen Einprägung und Wiedergabe eines Lernstoffs starke affektive Erregungen auf, so beeinträchtigt dies die Wiedergabe der gelernten Inhalte.*

*4. ekphorische Hemmung: Die Wiedergabe eines früher gelernten Materials wird negativ beeinflusst, wenn kurz vor der Reproduktion neuer Stoff gelernt wird.*

*5. assoziative Hemmung (reproduktive Hemmung): Gedächtnisinhalte, die bereits mit anderen assoziiert sind, lassen sich schwerer mit neuen Inhalten verbinden, als wenn dies nicht der Fall ist.*

6. Ähnlichkeitshemmung (Ranschburg'sche Hemmung): Störende Interferenzen zwischen zwei Lernprozessen sind besonders stark, wenn sich die Lernstoffe inhaltlich ähnlich sind.
Und das kann man logischerweise tun ...

### 4: Lernen – Vergessen

... Denn kennen wir das nicht alle? Gestern gelernt – heute vergessen? Das Vergessen hat natürlich seinen Sinn. Es wäre ja schrecklich, wenn wir uns a l l e s merken müssten! Jeden dummen Witz, jede flüchtig gesehene Autonummer ?
Aber: manches wollen wir uns merken – vieles müssen wir uns merken. Und dafür kann man etwas tun!
Denn ob ich etwas schnell vergesse oder nicht, das hängt davon ab, wo das Wissen gespeichert war!
Denn: Es gibt – grob gesagt – drei Gedächtnisarten ...

### 5: Wie man Lernstoff aufbereitet

... Die Lernforscherin Dr. Elsbeth Stern sagt: Lernen macht intelligent. Das heißt: Wenn man richtig lernt, wird man intelligenter. Und sie unterscheidet zwischen „intelligentem Wissen" - also jenen Aha-Erlebnissen, die von Glücksgefühlen begleitet sind, auch wenn der Weg dahin anstrengend war - und dem „trägen Wissen" - das sind Lernbausteine aus separierten Wissenselementen, die im Gehirn keine Verknüpfung mit zuvor Gelerntem anregen.
Schlecht sei also, dieses isolierte Faktenwissen ohne Umwege ins Hirn der Lernenden hineinzukopieren.
Oder umgekehrt: Gut ist, wenn man sich alles selbst erarbeitet ...

### 6: Das 8x8

*Dr. Katrin Hille vom Transferzentrum für Neurowissenschaften ... fasste u. A. die folgenden Regeln zusammen, deren Wirksamkeit von der Neurowissenschaft bestätigt wurde:*

1. Das zu Lernende muss für den Lerner bedeutsam sein.
2. Das Gehirn lernt aus konkreter Erfahrung und bildet Regeln.
3. Konkretes wird leichter verarbeitet als Abstraktes.
4. Lernen braucht Aktivierung durch ständige Beteiligung positiver Emotionalität
5. Eine hohe Verarbeitungstiefe hilft beim Behalten.
6. Der Lernturbo wird eingeschaltet durch Erfahrungen wie „Ich bin besser als erwartet"

Wie wendet man nun diese Regeln an, wenn man für sich alleine lernt?

Man arbeitet am Lernstoff: nimmt ihn wichtig, man macht ihn sich zugänglich, man erschließt ihn, man gliedert ihn ...

### 7: Sensible Phasen und Lerntypen

*... Und nun wollen wir zeigen, wie wichtig es für das Lernen ist, dass beide Gehirnhälften miteinander arbeiten:*

Lesen Sie bitte den folgenden Satz einmal durch ... und versuchen Sie dann, den folgenden Satz aus dem Gedächtnis zu wiederholen:

„Zweibein auf Dreibein mit Einbein; kommt Vierbein, nimmt Einbein; Zweibein schlägt Vierbein mit Dreibein."

Ging das? Eher nicht. Warum?

Weil dieser Satz zwar von unserer linken Gehirnhälfte verarbeitet wird, wo die Sprache sitzt und analysiert wird, aber keinen rechten Sinn macht. ... Wir müssen also den Wörtern in dem Satz einen Sinn zuordnen, sie an Inhalte anbinden ...

### 8: Was Kinder und Jugendliche lernen wollen oder sollen

*„Strahlende Intelligenz", sagte Sigmund Freud, sei charakteristisch für Kinder vor der Schule.*
*Und Goethe formulierte es so: „Wüchsen die Kinder fort, wie sie sich andeuten, wir hätten lauter Genies." ...*

### 9: Macht Schule intelligent?

Dieser Studienbrief enthält Zusammenfassungen aus Vorträgen und Werken von:
Manfred Spitzer: Vom Lernen zum Selbstbestimmen
Elsbeth Stern: Intelligentes Wissen als Schlüsselqualifikation
Herbert Gudjons: Effektiver Unterricht
Heinz Klippert: Mit Methode zu mehr Lernkompetenz Peter Struck: Schulvisionen nach PISA
Otto Herz: 13 Maßstäbe für eine gute Schule

### 10: Glück

Mit einem Zitat aus dem Studienbrief *Glück* beginnt unser Büchlein! Dieser Studienbrief enthält auch eine Sammlung von Zitaten berühmter Persönlichkeiten zu glücksrelevanten Stichwörtern.
Das liest man beispielsweise zum Thema Misserfolg:
*Viele Misserfolge erweisen sich – ein Jahr später aus der Rückschau betrachtet, – als wichtige Weichenstellung zum Erfolg:*
*Wenn man im Leben keinen Erfolg hat, braucht man sich deshalb nicht ohne weiteres für einen Idealisten zu halten.*
*(Henry Miller)*

*Entschlossenheit im Unglück ist immer der halbe Weg zur Rettung.*
*(Johann Heinrich Pestalozzi)*
*Es ist falsch, wenn man sagt, der Erfolg verderbe den Menschen. Die meisten Menschen werden durch den Misserfolg verdorben.*
*(Karl Popper)*
*Man muss ins Gelingen verliebt sein, nicht ins Scheitern. (Ernst Bloch)*
Die Inhalte der Briefe werden regelmäßig aktualisiert. Einzelne Briefe werden aussortiert oder in andere integriert, um Neue Themen aufzunehmen. Der Zukunftsbrief wird die jeweilige aktuelle Situation im Bildungsbereich kommentieren.

Und nun einige Karten für den Umgang mit Eltern und Kollegen!
Sie stammen aus dem Büchlein
**Barrierefrei kommunizieren.**
Bestellnr. bei lundi-lernen.de: 82039.
Dies gibt es auch fürs Handy: www.studymobile.de

01

Alle Menschen und die meisten Lebewesen sind kommunikativ gepolt.

Was genau versteht man unter Kommunikation?

02

Kommunikation beginnt mit der Wahrnehmung der eigenen Person:
Wie geht es mir?
Was fühle, denke ich?
Welche Absichten habe ich?
Was möchte ich zur Sprache bringen?
Was ist mein Anliegen?

Welche Fragen könnten sich in Bezug zum Gegenüber ergeben?

03

Wenn Menschen miteinander reden, geht es um die Sache und um die Beziehung. Der Psychologe Friedemann Schulz von Thun beschreibt jedoch vier Seiten einer Kommunikation.

04

Beispiel einer Vier-Seiten-Kommunikation:
Die Pause ist um, im Lehrerzimmer sagt der Rektor: „Meine Damen und Herren, es hat geklingelt."

Selbstseite: Ich hasse Unpünktlichkeit.
Beziehungsseite: ?
Sachseite: Die Pause endet um 10.30 Uhr.
Appellseite: ?

## 01

Information bedeutet: eine Botschaft, Nachricht aussenden.
Aber Kommunikation ist mehr, nämlich: in Verbindung treten und miteinander Kontakt haben.

Kommunikation ist also Hin und Her, ein „zwischenmenschliches Ping-Pong".

## 02

Fragen zur Person des Gegenübers:
Was nehme ich an ihr wahr? - Wie wirkt sie auf mich? - Welche Fantasien habe ich über sie? - Wie viel kann ich ihr mitteilen? In entspannten Situationen beschreiben wir Menschen, in Stress-Situationen ist es schwer, sachlich zu bleiben, man interpretiert dann den anderen eher. Je weniger man einen Menschen kennt, desto häufiger interpretiert man ihn.

## 03

1. Die Selbstmitteilungsseite
 = Was ich von mir selbst sage.
2. Die Beziehungsseite
 = Wie ich zu dir stehe.
3. Die Sachseite
 = Worüber ich informiere.
4. Die Appellseite
 = Was du tun sollst, welche Erwartungen und Wünsche ich an dich habe.

## 04

Beziehungsseite:
(Wie ich zu dir stehe, also:)
Ich ärgere mich über Sie, weil Sie nicht an die Arbeit gehen.

Appellseite:
(Was du tun sollst, also:)
Bitte arbeiten Sie weiter!

## 05

Gespräche zwischen Menschen sind Transaktionen von Mitteilungen mit drei Ich-Zuständen.

Welche drei „Ich-Zustände" werden in Gesprächen aktiviert?

## 06

Kommunikations-Transaktionen sind zwischenmenschliche Mitteilungen. Eine Theorie besagt, dass sich Menschen unter bestimmten Umständen benehmen wie:

- „strenge Eltern",
- „realistische Erwachsene" oder
- „kleine Kinder".

Beispiele, in denen diese „Ich-Zustände" deutlich werden?

## 07

Der Anteil der nonverbalen Kommunikation innerhalb der gesamten menschlichen Kommunikation beträgt etwa 75% bis 80%.

Welche Signale lassen sich beobachten?

Eine Geste sagt oft mehr aus als hundert Worte.

## 08

Körpersprache ist nicht eindeutig, sondern wirkt auf Menschen unterschiedlich:

Wie geht man um mit körpersprachlichem Verhalten, wie interpretiert man es?

05

(a) Das Eltern-Ich: von den Eltern übernommenes Verhalten: Ich sollte, ich müsste, ich darf nicht …
(b) Das Erwachsenen-Ich: Verhalten als realitätsgerechte Reaktionen: So ist es; ich handle so und so …
(c) Das Kind-Ich: Verhalten, das aus Eigen-impulsen besteht und wieder reaktiviert wird: Ich wünsche mir; ich hätte gern …

06

„Strenge Eltern"; „Warum hast du bei diesem kalten Wetter keinen Hut auf?", begrüßt die Mutter im Altersheim ihren 53-jährigen Sohn.
„Realistische Erwachsene"; „Ich möchte mit Ihnen über das Problem X reden."
„Beleidigtes Kind"; „Eine Kollegin ist mit ihrem Stundenplan nicht einverstanden - und redet einige Wochen nicht mehr mit ihrem Schulleiter.

07

Signale können sein: Augenstellung/ Blickkontakt, Gesichtsausdruck/Mimik, Stimme/Sprechweise, Körperhaltung, Gestik, Gang, Position der Beine …
So signalisieren verschränkte Arme - angeblich - Verschlossenheit.
Aber: Es ist problematisch, die Signale des Senders zu „schubladisieren", denn solche Botschaften sind zu individuell, als dass sie mit Sicherheit entschlüsselt werden könnten.

08

Statt Schubladisierung versucht man einen fairen Umgang:

- Beobachten
- Interpretieren
- Rückmelden:

„Stimmt das, was ich beobachtet und interpretiert habe mit dem überein, wie du dich selbst wahrgenommen oder erlebt hast?"

## 09

Ein wichtiger Kommunikationssatz lautet:
Das WIE bestimmt das WAS.

Was bedeutet das?

## 10

Bereits Vierjährige bekommen pro Tag etwa 400 Appelle:

„Mach dich nicht schmutzig!" – „Komm, beeil dich!" …

Wer an andere appelliert, stört deren Lebensrhythmus und verliert gleichzeitig den Kontakt zu sich selbst.

Es gibt gute Gründe für und gegen Appelle.
Welche?

## 11

Appelle sind „umgedrehte" Selbstmitteilungen.

(1) „Sag endlich was!" - (2) „Halt deinen Mund!" - (3) „Schmier nicht so!" - (4) „Hör auf zu weinen!" - (5) „Kommen Sie nicht zu spät!" - (6) „Schießen Sie mal los …"

Wie lauten diese sechs Appelle als Selbstmitteilungen?

## 12

Die größten Verletzungen in der zwischenmenschlichen Kommunikation geschehen durch:

Gleichsetzen und Vermischen von Beschreibung und Bewertung.
Welche drei Bereiche sollten dabei getrennt werden?

## 09

Warnung vor Gefahren,
Schutz,
Begrenzen,
Hilfe,
Einflussnahme,
Bestimmen,
Dominieren,
Beherrschen,
Machtausübung.

## 10

Auf dem Boden einer stabilen Beziehung können Sachen geklärt werden = die Beziehungsebene dominiert die Sachebene.

Beispiel:
Von einem Freund akzeptiert man ein kritisches Wort lieber als von einem Konkurrenten oder notorischen Nörgler.

## 11

Selbstmitteilungen kann man viel leichter annehmen als Appelle:

(1) „Es fällt mir schwer, auf eine Reaktion zu warten."
(2) „Ich möchte jetzt reden."
(3) „Ich kann das nicht lesen."
(4) „Weinen kann ich nur schwer aushalten."
(5) „Unpünktlichkeit macht mich nervös."
(6) „Ich höre Ihnen zu."

## 12

1. Wahrnehmung mit den Sinnen:
Was ich sehe, höre, rieche …

2. Wirkung:
Wie die Person auf mich wirkt: müde, gereizt, gelangweilt …

3. Interpretation/Fantasie:
Was ich interpretiere, was mir zur Person einfällt.

# Liebe Azubinen, liebe Azubis,

Wie man lernt, das Wichtigste aus Büchern, Vorträgen, Filmen, Diskussionen herauszufiltern und es schnell und sicher in den Kopf zu kommen, das findet ihr in diesem Büchlein. Hier die Kurzfassung:

### Die 3-Fächer-Lernbox
(mehr dazu auf Seite 15):
ist genau das Richtige für das tägliche (Fach 1), wöchentliche (Fach 2) und monatliche (Fach 3) Wiederholen und Festigen des Lernstoffs. Mehr dazu bei www.lundi-lernen.de/Lernbox.

### Ich mach mein Lernprogramm doch selber:
Genau. Du weißt am besten, was du brauchst. Business-Englisch, Prüfungsvorbereitung, VWL und BWL - oder den Führerschein. Fass den Lernstoff möglichst kurz, klar und konkret (die 3 K!) in Frage/Antwort, pack das Ganze in die Studymobile Factory (SMF) und schon hast du dein eigenes Lernprogramm für PC, Playstation, Smartphone und Handy: www.studymobile.de.
Mit diesen Lernprogrammen verbunden ist die virtuelle 3-Fächer-Lernbox:
Neue Kärtchen kommen in Fach 1.
Kannst du sie, wandern sie in Fach 2,
kannst du sie nicht, bleiben sie in Fach 1 und werden jeden Tag wiederholt.

Fach 2 kommt einmal in der Woche dran.
Gelernte Kärtchen wandern in Fach 3,
nicht gewusste wandern automatisch zurück in Fach 1 und werden wieder täglich wiederholt.
Fach 3 wird einmal im Monat gelernt.
Nicht gewusste Karten wandern zurück in Fach 1.

**www.pimpmygeldbeutel.de**
Gute Lernprogramme bringst du zu www.pimpmygeldbeutel.de und verdienst Geld damit. Wir suchen Lernprogramme zu allen Ausbildungsberufen.
Einige gute Lernprogramme findest du bei www.studymobile.de. Zum Beispiel:
+ Azubi-Tipps Finanzen und Versicherungen
+ Azubi-Tipps gegen Prüfungsangst
+ Azubi-Knigge: Gutes Benehmen ist angesagt
+ Business-English für Azubis
+ Azubi-Tipps Flirten

**Kostenlose Programme** gibt es bei www.studymobile.de/wahnsinn für den PC und direkt aufs Handy bei www.studymobile.de/go.wml.

**Und wenn du Karriere machen willst,**
dann nimm dein iPhone und lade dir die schönsten und schnellsten Studymobile-Programme aus dem AppStore herunter, z. B. das Suchmaschinen-Marketing oder das E-Mail-Marketing-Programm. Oder Business-English.

**Die Reihe „federleicht lernen":**
Das sind preiswerte A5-Hefte, in denen das Wichtigste in der kürzestmöglichen Form zusammengefasst ist. Diese Hefte gibt es für Deutsch, Mathematik, Englisch und für die Bewerbung (wenn man endlich ins Leben darf).
Diese Reihe gibt es bei www.lundi-lernen.de.
Da die Einzelhefte so preiswert sind, lohnt sich kein Einzelstückversand. Die Hefte gibt es nur im 10er-Pack. Also lass eine Bestellliste herumgehen.

Hier ein kleines Beispiel aus dem Heft
**Bewerbung - aufbauen, präsentieren, überzeugen:**

**Das kostenlose Internet-Studium**
mit Abschlussprüfung:
Hier kannst du dich anmelden: www.pisa-training.de.
Wir starten jeweils am vorletzten Montag im September und enden Anfang Dezember mit einer Abschlussprüfung im Internet. Die 10 Studienbriefe berichten über das Lernen, das Gehirn, Lerntipps, die Ähnlichkeitshemmung, die gute Schule, Glück und die Zukunft. Wer die Prüfung besteht, erhält ein Urkunde als „zertifizierter PISA-Lerntrainer" für das folgende Kalenderjahr. Das ist gut für die Personalakte und hilft bei Bewerbungen.

Jedes Azubi-Dasein hat irgendwann ein Ende – und dann kommt die Prüfung.
Angst vor der Prüfung?
Dann hol dir die **Azubi-Tipps gegen Prüfungsangst**.
Hier sind schon mal 12 dieser Tipps abgedruckt.
Und dein Bisschen Geld solltest du als Azubi vernünftig verwalten.
Darum im Anschluss daran acht **Azubi-Tipps Finanzen und Versicherungen.**
Die ausführlichen Versionen gibt's bei www.studymobile.de

Und jetzt: ausschneiden und sich einprägen!

**01**

Angst ist gut:
Ohne Angst wärst du nicht mehr am Leben. Ohne Angst wären deine Vorfahren mutig auf den Säbelzahntiger zugegangen und von ihm gefressen worden – und schon hätte es dich nicht gegeben. Ohne Angst hättest du diese Azubi-Tipps gegen Prüfungsangst nicht gekauft.
Was ist schlecht an der Angst?

**02**

Die Angst:
Deine Angst äußert sich in Symptomen: Denkblockaden, Erröten, Harndrang, Schwitzen, Mutlosigkeit, innere Unruhe, Panik, Blackout, Konzentrationsschwäche, Stottern, Nackenverspannung, Schwitzen.
Was kannst du dagegen tun?

**03**

Auch Prüfer haben Angst.
Davor, dass der Auszubildende in einem Teilbereich mehr weiß als der Prüfer. Davor, dass er als Prüfer zu gut oder zu schlecht beurteilt. Davor, dass er einen Verfahrensfehler begeht und davor, sich vor den Mitprüfern und dem Prüfungsvorsitzenden zu blamieren.
Was tun?

**04**

Wissen ist gut:
Je mehr der Prüfer über dich weiß, desto mehr kann er auf dich eingehen.
Je mehr du über den Prüfer weißt, desto mehr kannst du seine Kenntnisse und Interessen berücksichtigen.
Was tust du?

1. Rechtzeitig einen Überblick über den Lernstoff gewinnen
2. gut strukturiert lernen.
3. Lernen, dich zu konzentrieren und zu entspannen
4. Mentales Training: Azubis fragen, die im Vorjahr Prüfung gemacht haben. Daraus Vertrauen gewinnen und festigen.

02

Du befragst die Prüflinge des Vorjahrs und deinen Ausbilder. Vielleicht kennt er deine Prüfer, vielleicht prüft er selbst. Hast du bei der Prüfung Gelegenheit, über deinen Betrieb zu sprechen, gib einen kurzen, groben Überblick und teile mit, was genau du dort gelernt hast.

04

Angst lähmt dich in Situationen, in denen du das nicht gebrauchen kannst. Angst bewahrt dich vor Situationen, die dir gefährlich werden können. Angst motiviert dich aber auch und bringt dich zu Höchstleistungen. Angst ist das wichtigste Urgefühl. Es kommt darauf an, sinnvoll mit der Angst umzugehen.

01

Ihm die Angst nehmen. Freundlich und höflich sein, angemessen gekleidet, passende Frisur, kein Metall am Körper. Wach und konzentriert sein. Genau auf die Fragen hören. Sich den Sinn überlegen und erst dann antworten. Deutlich und langsam. Manche Prüfer sehen und hören nicht mehr so gut.

03

## Durchgefallen: 05

Jährlich bestehen etwa 11% der Auszubildenden nicht auf Anhieb die Prüfung. Und ebenso etwa 25% aller Weiterbildungsabsolventen. Es kommt also vor. Wenn es dir passiert, bist du nicht allein und die Welt geht nicht unter. Dein Ausbildungsverhältnis besteht weiter.
Was tun?

## Lerntyp 1: 06

Weißt du noch, wie das vorletzte Nummernschild vom Auto deiner Eltern hieß? Kannst du - schau jetzt nicht hin - sagen, wie die Ziffern auf deiner Uhr aussehen? Kannst du die Türklinke deines Wohnzimmers beschreiben? Ja? Dann bist du ein visueller Lerntyp.
Was brauchst du dazu?

## Lerntyp 2: 07

Wenn du beim Auswendiglernen leise mitsprichst, dir gut merken kannst, was du in einem Vortrag gehört hast, dann bist du ein auditiver Lerntyp und sprichst dir Zusammenfassungen deines Lernstoffs auf Kassette oder CD.
Welche Lerntypen gibt es noch?

## Prüfungsprobe: 08

„Es gibt nichts Gutes, außer man tut es" (Erich Kästner). So ist es auch mit dem Lernen und den Prüfungen. Fang einfach an und stell fest, welche Art von Lernen bei dir am erfolgreichsten ist. Und vor allem: Erkläre das, was du gelernt hast, deinem Lernpartner.
Und die Prüfung?

## 05

Nerven behalten. Geahnt hast du es ja (wohl einfach nicht effektiv genug gelernt). Frag deine Prüfer höflich, woran genau es lag. Schreib das auf. Der Tag nach der Prüfung ist der erste Tag vor der Prüfung. Lies dieses Programm genau durch. Handle danach. Du kannst die Prüfung zweimal wiederholen.

## 06

Bildliche Informationen, Grafiken, Übersichten, Tabellen, Mindmaps (Gedankenlandkarten). Schreib Zusammenfassungen auf, mach dir eine Übersicht über den Lernstoff auf einem Bogen Packpapier. Nimm ein Wahlplakat deiner Lieblingspartei und lass dir jeden Tag eine neue Regel sagen (Sprechblase).

## 07

Motorische Lerntypen (die beim Lernen auf- und abgehen, gestikulieren) und kinästhetische Lerntypen (die mit Computersimulationen und Modellen arbeiten und gern mehrere Sinne gleichzeitig beim Lernen ansprechen). Finde heraus, welcher Lerntyp dir am nächsten liegt.

## 08

Die probst du mit Azubis, die letztes Jahr die Prüfung gemacht haben. In allen Einzelheiten: Begrüßung, Vorstellung, Ablauf der Prüfung - Schritt für Schritt. Stell dein Projekt ausführlich vor - und nach der Prüfung kommt die gemeinsame Kritik. Was war gut, wo musst du nachbessern?

**Lernen und behalten:** 09

Wer sich nichts merken kann, leidet vielleicht an einer organischen Störung (Gedächtnisstörung). Da kann man manchmal wenig machen. Anders ist es bei der Gedächtnishemmung. Bei der proaktiven Hemmung behindert der vorhergehende Lernprozess den nachfolgenden.
Was tun?

**Konzentrationsübung 2:** 10

Fass mit beiden Händen an deine Ohrläppchen (Daumen hinter, Zeigefinger vor das Ohrläppchen). Ziehe die Haut sanft nach außen und massiere nun deine Ohren von innen nach außen. Beginne bei den Gehörgängen und ende bei den Ohrläppchen.
Was passiert?

**Konzentrationskiller:** 11

Du sitzt konzentriert am Schreibtisch und arbeitest gerade in deinem VWL-Buch: Das Handy klingelt. Du sitzt am Rechner und googlest zur Vollkostenrechnung: Dein Bildschirm meldet eine E-Mail in Outlook. Aha - die Konzentrationskiller sind unterwegs!
Was machst du?

**Spontanentspannung:** 12

Etwas tiefer einatmen und ohne anzuhalten wieder ausatmen. Dann 5 bis 8 Sekunden warten (einhunderteins, einhundertzwei ...). Wieder tief einatmen und ausatmen ohne anzuhalten. 5 bis 8 Sekunden warten. Das Ganze etwa 3 Minuten fortführen.
Was geschieht?

## 09

Lernvorgänge mit ähnlichen Inhalten durch Pausen unterbrechen, in denen man ganz andere Dinge macht. Bei jedem Lernvorgang Notizen machen und diese immer wieder kurz wiederholen.

## 10

Du konzentrierst dich damit auf deine Ohren und stellst dich auf die Aufnahme von akustischen Informationen ein (Vortrag, Diskussion). Auch für das stille Arbeiten geeignet, wenn du anschließend das Gelernte/Gelesene halblaut zusammenfasst und dir vorträgst.

## 11

Du identifizierst deine Konzentrationskiller: Fernsehen, Handy, E-Mail, Besuche von Freunden. Du schaust nicht ins Fernsehprogramm, stellst das Handy ab, informierst deine Freunde und stellst genaue Wochenpläne auf, die du konsequent abarbeitest. Ausdauernd und stur. Perfekt!

## 12

Du bist angespannt, nervös, von schwarzen Gedanken verfolgt: Die Prüfung. Die Zukunft. Die Schande - weg damit: Mit der Konzentration auf das Atmen und auf das Zählen dazwischen lenkst du dich von den dunklen Gedanken ab, entspannst dich und wirst ruhiger.
Du hast gelernt. Du bist gut.

**Kfz-Versicherung:** 01
Als Fahranfänger ist doch eine Kfz-Versicherung recht teuer, was kann man da machen?

**Privat-Unfallversicherung:** 02
Ich reite, mein Bruder ist leidenschaftlicher Freeclimber. Macht eine private Unfallversicherung Sinn?

**Junge Leute BU:** 03
Was ist eine „Junge Leute BU"?

**Gesetzliche Unfallversicherung:** 04
Die gesetzliche Unfallversicherung schützt mich bei Unfällen. Wozu brauche ich also eine private Unfallversicherung?

**Haftpflichtversicherung:** 05
Mein Meister sagt: Die Privathaftpflichtversicherung ist ein Muss. Stimmt das?

**Gesetzliche Rente:** 06
Warum soll ich privat fürs Alters vorsorgen, ich bekomme doch eine Rente vom Staat?

**Gesetzliche Krankenversicherung:** 07
Kann ich mir meine Krankenkasse selbst aussuchen oder entscheidet der Arbeitgeber?

**Tagesgeld:** 08
Was mache ich, wenn unvorhergesehene Ausgaben wie Autoreparaturen oder eine kaputte Waschmaschine ins Haus stehen?

## 01
Versichere das Fahrzeug anfangs über die Eltern. Nach einigen Jahren Fahrpraxis schließt du dann einen eigenen Vertrag ab. Ob Teil- oder Vollkasko nötig sind, hängt vom Wert des Autos ab. Vollkasko empfiehlt sich nur bei neueren Fahrzeugen. Vergleiche die Versicherungs-Angebote im Internet.

## 02
Bist du erhöhten Risiken durch dein Hobby oder entsprechende Sportarten ausgesetzt, kann eine Unfallversicherung sinnvoll sein. Achte bei den Bedingungen darauf, dass auch Sonderleistungen abgesichert sind. Hierzu zählt u. a. die Promilleklausel für Unfälle unter Alkoholeinfluss.

## 03
Dieses spezielle Produkt ermöglicht es auch Azubis mit geringem Gehalt, sich gegen das Risiko der Berufsunfähigkeit abzusichern. Der Beitrag ist hierbei in den ersten Jahren geringer. Es gibt mittlerweile mehrere Anbieter für eine solche Absicherung.

## 04
Die gesetzliche Absicherung schützt dich lediglich während der Arbeit und dem Weg dorthin. Unfälle in der Freizeit, beim Klettern, Mopedfahren oder Inlineskaten deckt die private Unfallversicherung ab.
Aber Achtung: Bei Extremsportarten gelten Sonderbedingungen.

## 05
Ja! Wer anderen Schaden zufügt, haftet dafür unbeschränkt. Als Azubi solltest du jedoch zuerst prüfen, ob du noch bei deinen Eltern mitversichert bist. Sinnvoll ist auch ein Forderungsausfallschutz. Dann zahlt deine eigene Versicherung, wenn du von jemandem ohne Haftpflicht geschädigt wurdest.

## 06
Weil es immer weniger Kinder und immer mehr ältere Menschen gibt, wird in Zukunft auch die staatliche Rente sinken und nur noch eine Grundabsicherung darstellen. Private Altersvorsorge ist deshalb zwingend notwendig. Je früher du beginnst, desto besser.

## 07
Du entscheidest selbst, ob du bei der AOK am Ort, einer Innungs-, Betriebs- oder Ersatzkasse versichert sein möchtest. Entscheidend für die Wahl ist hauptsächlich die Höhe des Beitrags. Welche Leistungsunterschiede es gibt, untersucht beispielsweise Stiftung Warentest.

## 08
Es sollte immer ein Notgroschen vorhanden sein. Bevor du Altersvorsorge betreibst, spare diesen zuerst an. Dafür eignet sich ein Tagesgeldkonto bei einer Internetbank sehr gut. Das Geld ist jederzeit verfügbar, und du bezahlst keine Kontoführungsgebühr. Beispiele bei: www.test.de und www.zinshund.de.

# Liebe Kollegin, lieber Kollege

## im Business-Bereich,

bei einer TOP-Veranstaltung (Faz-Institut/Bundeswirtschaftsministerium) empfahl die für die Aus- und Weiterbildung in der BASF zuständige Kollegin den Teilnehmern aus der Wirtschaft, während sie am Morgen den Rechner hochfahren, mit der neben dem Rechner platzierten Lernbox die neuen *Compliments for the World of Business* zu lernen.

Das war Anfang dieses Jahrhunderts. Heute lädt sich der engagierte User die entsprechenden Programme aus dem AppStore auf sein iPhone oder seinen Android oder seinen Blackberry.

Deshalb hier nur ganz kurz:

### Lebenslang lernen:

Wir wissen, wie das geht: Indem man bei allem, was einem begegnet, sich überlegt, was man davon für das Leben braucht. Das Wichtigste herausfiltert, es in die lernfreundliche Frage/Antwort-Form packt (und so sein eigener Lehrer und zugleich der Schüler ist) und dieses Wissen mit der 3-Fächer-Lernbox schnell und sicher und dauerhaft in das Langzeitgedächtnis bringt. Wie das funktioniert, das steht hier im Buch auf Seite 17.

Und Auszüge aus den Lernprogrammen zum E-Mail-Marketing und zum Suchmaschinen-Marketing ab Seite 119.

Was man sonst noch zum Lernen braucht, gleich hier:

### Die Lernprogramme für PC und Handy:

Bei www.studymobile.de/wahnsinn können sich Ihre Mitarbeiter (und natürlich auch Sie) den kostenlosen Vokabeltrainer Englisch oder Französisch oder Lateinisch auf den Rechner laden und bei www.studymobile.de/go.wml direkt aufs Handy (Die schönsten Balladen von Schiller, den Wahrig Rechtschreibtrainer, den Azubi-Knigge: Gutes Benehmen ist angesagt ...).

Das beste aber: Mit der Studymobile Factory (SMF) können Sie sich eigene Lernprogramme für den PC, das Handy, die Playstation, das Smartphone und für Ihr Handy erstellen und mit der virtuellen 3-Fächer-Lernbox lernen: BWL, VWL, Allgemeinbildung, Business-English, Small Talk, Unternehmensknigge und viele mehr.

### Die eigene Unternehmens-Memothek

Nach und nach können Sie sich so eine eigene Unternehmens-Memothek zusammenstellen: www.studymobile.de/factory - oder sie sich zusammenstellen lassen, indem beispielsweise ein allgemeiner *Vokabel- und Dialog-Trainer Business-English* mit einem spezifischen Firmenwortschatz für die chemische Industrie oder für die Automobil-Zulieferer ergänzt wird. Dazu gibt es einen speziellen Dienstleister, der Sie bei der Zusammenstellung berät: Basis-Paket-Programme für Ihre Auszubildenden (z. B. Azubi-Tipps gegen Prüfungsangst), Grundlagenprogramme für Ihre Mitarbeiter (Grundkenntnisse BWL und VWL) und Team-Manager (z. B. Zeitmanagement), firmenspezifische Programme, die genau auf den Bedarf Ihres Unternehmens ausgerichtet sind und sogenannte **Wohlfühlpakete** für alle Unternehmensangehörigen und deren Familien. Dazu können dann auch Mathematik-, Deutsch- und Englisch-Lernprogramme für die Kinder Ihrer Mitarbeiter gehören, Sprachkurse aller Art und Logik-Trainer. Informationen dazu bei:

www.memothek.net/business

**Die Tandello-Business-Lernprogramme**
für das Lernen im Zweier-Team:
Bei www.lundi-lernen.de gibt es perforierte A4-Bogen für Lernkärtchen A9, A8 und A7 für jeden Drucker.
Mit der Software SMF-Print (bei www.studymobile.de) lassen sich diese Bogen mit jedem handelsüblichen Drucker bedrucken. Diese Kopien können Sie so falten, dass Kollege X, der Kollegin Y gegenübersitzt, bei den ersten 8 Kärtchen die Fragen vorliest und sie zu beantworten versucht, während Kollegin Y die Antworten sieht - und sie so Kollegen X beim Beantworten Hilfestellung geben kann.
Danach liest Kollegin Y die Fragen vor und versucht sie mit Hilfe von Kollegen X zu beantworten, der dieses Mal die richtigen Antworten sieht. Ein verblüffend erfolgreiches Lernen im Unternehmen mit hohem Spaßfaktor, der nur noch vom Lernfaktor übertroffen wird.
Fertige Tandello-Business-Programme finden Sie bei www.netzwerk-lernen.de/tandello-business zum Download. Und natürlich können Sie sich mit der Studymobile Factory eigene Tandello-Business-Programme erstellen und mit der Studymobile Factory PRINT auch auf jedem Drucker ausdrucken (www.studymobile.de/factory).

**Die AppStores** von iPhone, Android, Blackberry und vielen anderen (jeden Tag eröffnet ja ein neuer):

Achten Sie dort auf die Angebote von Studymobile. Zum Beispiel das E-Mail-Marketing-Programm. Oder das Programm zum Suchmaschinenmarketing: kostenlose

Programme zum Kennenlernen und zur Einführung, preiswerte Komplett-Programme für die eigene Weiterbildung.
Auszüge aus diesen beiden Programmen finden Sie ab Seite 119.
Autorin ist übrigens Sylvia Detzel von www.detzel-marketing.de. Dort „werden Sie geholfen", falls Sie über die Programme hinaus in Ihrem Unternehmen mit einem Workshop die Erkenntnisse ausbauen und unternehmensspezifisch umsetzen wollen.
Und wenn Sie selbst Programme erstellen und in den Appstores oder bei www.studymobile.de oder bei www.netzwerk-lernen.de oder bei www.memothek.de einstellen wollen, dann melden Sie sich bei frohmut@menze.de. Wie das geht, finden Sie azubimäßig erklärt bei:
www.pimpmygeldbeutel.de.

**Das kostenlose Internet-Studium**
mit Abschlussprüfung und Zertifikat:
Hier können Sie sich anmelden: www.pisa-training.de. Wir starten jeweils am vorletzten Montag im September und enden Anfang Dezember mit einer Abschlussprüfung im Internet. Die 10 Studienbriefe berichten über das Lernen, das Gehirn, Lerntipps, die Ähnlichkeitshemmung, die gute Schule, Glück und die Zukunft. Wer die Prüfung besteht, erhält ein Urkunde als „zertifizierter PISA-Lerntrainer" für das folgende Kalenderjahr. Jedes Jahr melden sich bei uns immer mehr Schulen an: Komplett. Alle Schüler, alle Lehrer, alle Eltern.
Und ein erfolgreiches Unternehmen wird es sich nicht leisten können, seine Mitarbeiter nicht auf diese kostenlose und umfassende Weiterbildungsmöglichkeit hinzuweisen:
www.pisa-training.de
Hinsurfen und sich anmelden. Das ganze Jahr über. Und automatisch im September den ersten Studienbrief bekommen.
Alles kostenlos. Auch die Prüfung und das Zertifikat.

**Rechner und Leasing-Verträge.**
Eine ganz eigene Art von Bildungs-Sponsoring ermöglicht Uli Ludwig. Er kauft Rechner aus Industrie-Leasing-Verträgen auf (2 Jahre alt, gewartet, mit Restgarantie) und verkauft diese mit einem kleinen Aufschlag an Schulen und Behörden weiter. Und alle sind glücklich. Wenn Sie hier direkt mitmischen wollen:
www.uli-ludwig.de.

Für all diejenigen Kollegen und Kolleginnen, die professionelles Marketing übers Internet betreiben wollen oder müssen, gibt die Diplom-Betriebswirtin und Marketing-Beraterin Sylvia Detzel fachmännisch Auskunft.
Sie hat die wichtigsten Punkte zusammengestellt in zwei Lernprogrammen für Handy und iPhone.
Hier im Anschluss finden Sie – zum Ausschneiden und „Einverleiben" jeweils die 16 wichtigsten Fragen und Antworten
aus
**E-Mail-Marketing**
und
**SEM: Suchmaschinen-Marketing.**

Und mehr Infos dazu finden Sie bei www.studymobile.de
Und bei www.detzel-marketing.de

**01** Definition von E-Mail-Marketing:
E-Mail-Marketing bezeichnet den Einsatz des Kommunikationsmediums E-Mail, um mit Kunden oder Interessenten in den direkten Dialog zu treten. Wodurch zeichnet es sich insbesondere aus?

**02** Abbestellung leicht gemacht!
Als Unternehmen müssen Sie sicherstellen, dass der Empfänger sein Einverständnis jederzeit widerrufen kann. Wie können Sie diese Vorgabe in der Praxis umsetzen?

**03** Nur in der Klarheit liegt die Wahrheit!
Im Telemediengesetz, das am 1.3.2007 in Kraft getreten ist und damit das das Teledienstedatengesetz abgelöst hat, ist der sog. Grundsatz der Wahrheit und Klarheit verankert (Paragraph 6 TMG). Was sagt dieser aus?

**04** E-Mail-Formate: MIME-Multipart:
Vor dem Versand muss man sich überlegen, in welchem Format man die E-Mails versenden will. In den meisten Fällen wird die Entscheidung auf das sog. MIME-Multipart-Format fallen, weil damit die korrekte Darstellung der Nachricht am wahrscheinlichsten ist. Woran liegt das?

**05** Bild vor Text! Die bekannten Gesetze aus der Wahrnehmungspsychologie gelten auch für E-Mails. Man sollte sie sich gezielt zunutze machen, - z. B. die Tatsache, dass Bilder vor Texten wahrgenommen werden. Wie können Sie diese Gesetzmäßigkeit einsetzen?

**06** Leseverhalten am Bildschirm:
Im Schnitt braucht der Betrachter ca. 25% länger, um einen Text auf dem Bildschirm zu erfassen als auf Papier. Läuft der Text der E-Mail über die ganze Bildschirmbreite, verschlechtert sich der Wert weiter. Welche Eckwerte kann man sich für die Spaltenbreite merken?

**07** Persönliche Ansprache und mehr:
Bei der Personalisierung von E-Mails werden Datenbankfelder in die E-Mail integriert. Eine persönliche, namentliche Ansprache der Empfänger gehört zwischenzeitlich zum Standard. Welche Personalisierungen können Sie sich darüber hinaus vorstellen?

**08** Eigene Adressen sammeln!
Der Aufbau einer eigenen E-Mail-Adressdatenbank ermöglicht unabhängiges und kostengünstiges Bemailen von Bestandskunden und Interessenten. Um Newsletter-Anmeldungen zu bekommen, muss die Anmeldung auf der eigenen Website integriert werden. Welche Punkte sind zu beachten?

**01**
1. Eine Werbebotschaft oder Information wird per E-Mail versendet.
2. E-Mails werden nicht ohne vorherige Erlaubnis der Empfänger zugestellt (Permission-Marketing).
3. Sämtliche zugehörige Maßnahmen sind geplant im Marketing-Mix integriert (Crossmedia).

**02**
Jede E-Mail-Nachricht, die Sie versenden, muss eine Abbestellmöglichkeit enthalten, die eine wirksame Abmeldung bis zum nächsten Versandtermin ermöglicht. Eine Kündigungsbestätigung dürfen Sie versenden - und das sollten Sie auch tun, denn das hat vertrauensbildenden Charakter.

**03**
Kommerzielle E-Mail-Kommunikation muss als solche erkennbar sein, darf also z. B. nicht als private Nachricht „getarnt" sein. Aufgrund der Gestaltung von Kopf- und Betreffzeile muss für Empfänger eindeutig erkennbar sein, wer der Absender ist und dass die Nachricht einen kommerziellen Charakter hat.

**04**
Multipart-Mails sind mehrformatige E-Mail-Nachrichten. Die E-Mail wird parallel in mehreren Formaten (Plain-Text und HTML) erstellt und versendet. Das E-Mail-Programm des Empfängers entscheidet die Darstellung: Wenn es HTML korrekt darstellen kann, wird HTML gezeigt, ansonsten die Text-Alternative.

**05**
Bilder visualisieren die Aussage und unterstreichen den Kundennutzen. Bei der Auswahl sollten Sie darauf achten, dass sie einen Teil der Botschaft transportieren - denn sonst verschenken Sie wertvolles Potenzial.

**06**
HTML-Newsletter sollen nicht breiter als etwa 500 bis 600 Pixel sein. Bei Textnewsletter kann eine Breite von 60 bis 70 Zeichen als optimal eingestuft werden.

**07**
Eingesetzt werden können zum Beispiel:
Empfängername in der Betreffzeile, Kundennummer oder Gutscheincode im Text, Wohnort in der Grußzeile, zuständiger Filialleiter oder Außendienstmitarbeiter als Absender, Autor und Unterzeichner des Editorials (ggf. sogar mit Bildelement!).

**08**
Auffällige Platzierung auf der Startseite und in der Navigation, Nutzenformulierung, Bereitstellung aller notwendigen Informationen (Datenschutzrichtlinien, Kosten, Versandfrequenz, Abbestellmöglichkeit, Beispielnewsletter).

**09 Fremdadressen und ihre Tücken!**
Wie im klassischen Direct Mail werden auf dem Markt auch vielfältige E-Mail-Adressen zum Mieten, Leasen oder Kaufen angeboten. Was müssen Sie im Hinblick auf Fremdadressen beachten?

**10 Der optimale Versandzeitpunkt:**
Der Versandzeitpunkt beeinflusst maßgeblich die Klick- und Öffnungsraten. Deshalb muss diesem Thema die nötige Aufmerksamkeit geschenkt werden. Was ist der optimale Versandzeitpunkt?

**11 Spamfilter umgehen:**
Ein erheblicher Anteil - 10 bis 30% - der angeforderten E-Mail-Nachrichten kommt aufgrund von Mailingfilterungen (Spamfilter) nicht mehr beim Empfänger an. Was kann man als Versender dagegen tun?

**12 E-Mail-Marketing-Komplettlösungen (1):** Für größere Verteiler mit mehreren tausend Empfängern und für die Nutzung von allen Möglichkeiten, die das E-Mail-Marketing bietet, wird der Einsatz von E-Mail-Marketing-Komplettlösungen empfohlen. Was verbirgt sich dahinter?

**13 Wichtige Kennzahlen (6): Die Öffnungsrate**
Eine wichtige Kennzahl im E-Mail-Marketing ist die Öffnungsrate, also der Anteil der E-Mails die geöffnet wurden. Hier ist es aber entscheidend, diese richtig zu messen! Denn gemessen wird i. d. R. die Netto-Mehrfachöffnungsrate. Wie wird diese berechnet?

**14 Wichtige Kennzahlen (7): Die Entwicklung der Öffnungsrate**
Leider gingen die Öffnungsraten in den vergangenen Jahren tendenziell zurück. Mit welchen Werten im Hinblick auf die Netto-Mehrfachöffnungsrate dürfen Sie im Durchschnitt rechnen?

**15 Die vier Testkategorien:**
E-Mail-Marketing ist für Marketing-Tests geradezu prädestiniert, weil es einfach und kostengünstig möglich ist, eine Variable zu Testzwecken zu ändern. Welche vier Testkategorien sollte man in sein Testkonzept einbeziehen?

**16 Wie geht es weiter?**
Sie haben in diesem Frage-Antwort-Programm einige Bausteine von professionellem E-Mail-Marketing kennengelernt. Möchten Sie Ihre Kenntnisse vertiefen? Oder sehen Sie direkten Beratungsbedarf für konkrete Fragestellungen in Ihrem Unternehmen?

**10**
Allgemeingültige Aussagen hierzu gibt es nicht! Es empfiehlt sich, grundsätzliche Überlegungen einzubeziehen und das Optimum individuell auszutesten.
Beispiel: Versand Freitagnachmittag an Geschäftskunden: Das Wochenende steht bevor, es wird nur noch schnell aufgeräumt - auch das E-Mail-Postfach.

**09**
Entscheidend ist die Seriosität des Adressanbieters. Finger weg von Adressen, die nicht nachweislich mit der entsprechenden Permission ausgestattet sind! Hinterfragen Sie außerdem die Qualität der angebotenen Adressen (z. B. nur „info@firma.de"?).

**12**
Sie fungieren als Versandsystem und bieten darüber hinaus eine technische Plattform, die die kompletten Funktionalitäten für professionelles E-Mail-Marketing bereitstellt. Z. B.: Mailgenerierung, Personalisierung und Individualisierung, Datenbanksystem, Link-Tracking, Klick-Auswertungen etc.

**11**
Sie sollten Ihre E-Mail so konzipieren, dass die Wahrscheinlichkeit gering ist, im Spamfilter hängen zu bleiben. Bei professionellen E-Mailing-Lösungen unterstützen Sie sog. Spam-Checker dabei, Ihre Mail vor Versand zu prüfen, mögliche Hürden zu identifizieren und die Mail entsprechend anzupassen.

**14**
Während sich E-Mail-Marketer im Jahr 2003 noch über rund 56,5% Netto-Mehrfachöffnungsrate freuen durften, können Sie heute realistischerweise lediglich noch mit knapp über 30% rechnen.

**13**
Die Formel lautet: Anzahl aller Öffnungen geteilt durch die Anzahl der Empfänger. Das bedeutet, dass es als drei Öffnungen zählt, wenn ein und derselbe Empfänger die E-Mail im Laufe des Tages dreimal öffnet!

**16**
Laden Sie sich bei www.studymobile.de/business mein Programm „Professionelles E-Mail-Marketing" auf Ihren Rechner/Ihr Handy. Oder buchen Sie eine individuelle Beratung/einen firmeninternen Workshop: detzel@detzel-marketing.de.
Immer für Sie da:
www.studymobile.de

**15**
1. Zielgruppentests.
2. Timingtests.
3. Angebotstests.
4. Kreativtests.

**17. Was ist Suchmaschinen-Marketing?**
Suchmaschinen-Marketing gehört zu den Online-Marketing-Instrumenten. Wie wird es definiert und welche Ziele werden damit verfolgt?

**18. Suchtreffer zweifach optimieren:**
Mit dem „Generischen Suchmaschinen-Marketing" wird eine Platzierung in den neutralen Ergebnislisten der Suchdienste angestrebt. Welche beiden notwendigen Maßnahmen unterscheidet man hierbei?

**19. Für gute Platzierungen bezahlen?**
Was bedeutet „Bezahltes Suchmaschinen-Marketing", das neben dem generischen Suchmaschinen-Marketing die zweite Säule des Suchmaschinen-Marketing darstellt?

**20. Wachstumsmarkt SEM:**
Für bezahltes Suchmaschinen-Marketing wurden 2004 in Deutschland 110 Mio. EUR ausgegeben. 2006 waren es bereits 850 Mio. EUR. Bis Ende 2008 wurden 1.530 Mio. EUR ausgegeben. Wie geht es weiter?

**21. Marktführer-Image:**
Der Einsatz von Suchmaschinen-Marketing bietet zahlreiche Vorteile. Neben überragenden Reichweiten, geringen Streuverlusten und überschaubaren Kosten hat man die Möglichkeit, sich dadurch als Online-Marktführer seiner Branche zu platzieren. Wie kommt das?

**22. Grundsätze für ein gutes Ranking:**
Webseiten werden von den Suchdiensten nach bestimmten Kriterien beurteilt und danach hinsichtlich ihrer Relevanz als Suchtreffer eingestuft. Wo sind Listen erhältlich, die einem sagen, welche Kriterien für welche Suchdienste wichtig sind?

**23. Wichtige Faktoren bei der Programmierung:**
Zu den Kriterien, die vermutlich einen großen Einfluss auf das Ranking in Suchmaschinen haben, zählen einige Faktoren, die sich auf die Webprogrammierung beziehen. Welche drei sind die wesentlichen?

**24. Gute Suchworte:**
Eine gute Suchmaschinen-Optimierung beginnt mit der Auswahl der richtigen Suchbegriffe - auch Keywords genannt. Welche zwei wesentlichen Punkte sind bei der Keyword-Definition zu beachten?

**17**

Suchmaschinen-Marketing umfasst alle Maßnahmen und Instrumente, die dafür sorgen, dass die eigene Website in Suchdiensten platziert wird. Ziel ist, auf den Trefferseiten möglichst weit oben gelistet zu werden, um für potenzielle Kunden gut sichtbar zu sein.

**18**

Um bei den Suchtreffern vorne zu landen, muss zum einen eine On-Page-Optimierung stattfinden – das heißt Maßnahmen auf der Website selbst. Zum anderen ist die Off-Page-Optimierung wichtig. Dort werden gezielt Maßnahmen auf anderen Websites initiiert.

**19**

Bezahltes Suchmaschinen-Marketing ist die Möglichkeit, sich in verschiedenen Suchdiensten ganz gezielt eine Werbeplatzierung zu kaufen. Die bezahlten Anzeigen erscheinen dabei nach Eingabe vorher definierter Suchbegriffe (Keywords).

**20**

Für das Suchmaschinen-Marketing werden weiterhin überproportionale Wachstumsraten prognostiziert. Die Verdoppelung der Ausgaben von 2006 bis 2008 dürfte sich auch in Zukunft so fortsetzen.

**21**

Gemäß einer Studie von iProspect halten fast 40% der User ein Unternehmen, das unter den ersten generischen Suchtreffern zu finden ist, für einen Marktführer seiner Branche. Ein enormer Bonuspunkt, der Unternehmen da (fast) ohne weiteres Zutun gutgeschrieben wird!

**22**

Die Grundsätze für ein gutes Ranking gehören zu den bestgehüteten Geheimnissen der Suchmaschinen. Für die Einstufung werden ausgefeilte Techniken verwendet, die Kriterien regelmäßig angepasst, um Manipulationen zu verhindern. Allein bei Google werden rund 100 Kriterien in die Bewertung einbezogen!

**23**

Neben der Nutzung einer Sitemap ist es wichtig, dass der Webprogrammierer eine möglichst flache Sitestruktur schafft. Und nur ein schlanker Programmcode nach aktuellem HTML-Standard gewährleistet, dass Suchdienste zufriedengestellt werden.

**24**

Suchworte müssen aus Kundenperspektive formuliert werden! Marketingbegriffe oder betriebsinterne Bezeichnungen unterscheiden sich oft gravierend von Suchworten, die Kunden verwenden. Keywords sollen außerdem nicht zu allgemein gehalten sein, da Oberbegriffe häufig am schwersten zu optimieren sind.

**25 Suchmaschinenfreundlicher Text:**
Bei der sog. On-Page-Optimierung gilt es, den Text auf der Website so suchmaschinenfreundlich wie möglich zu gestalten. Nach der endgültigen Festlegung der Keywords, auf die Sie Ihre Seiten optimieren möchten, müssen diese gezielt im Text platziert werden. Wie?

**26 Wer verlinkt auf mich?**
Ein wesentliches Ziel der Off-Page-Optimierung ist es, die sog. Linkpopularity Ihrer Website zu erhöhen. Oft weiß man nicht, welche anderen Internetseiten bereits auf einen verlinken. Welche Möglichkeiten haben Sie, den Status Quo festzustellen?

**27 Einer für alle:**
Sicher kennen Sie zahllose Suchdienste, die im WWW existieren. Wenn Sie sich für den Einsatz von bezahltem Suchmaschinen-Marketing entschieden, müssen Sie dennoch nicht bei hunderten von Anbietern Anzeigen schalten. Warum?

**28 Google Analytics-1:**
Standardauswertungen im Rahmen des bezahlten Suchmaschinen-Marketing zeigen z. B., wieviele User auf eine Anzeige geklickt haben. Und zwar im Verhältnis zur Anzahl Einblendungen (= CTR: Click-Through-Rate). Als Ergänzung bietet Google das Tool „Google Analytics" an. Was ist das?

**29 Flash vermeiden!**
Es gibt einige klare Don'ts und Risiken bei der Suchmaschinen-Optimierung. Neben der Verwendung jeglicher Tricks (versteckte Keywords, Doorwaypages, Linkfarmen) zählt hierzu auch der Einsatz von Flash. Warum?

**30 Erfolgsfaktoren in der Zusammenfassung 6:**
Viele Unternehmen denken nach einer suchmaschinenoptimierten Neugestaltung des Internetauftritts, dass damit das Thema für die nächsten Jahre vom Tisch ist. Wie denken Sie darüber?

**31 Erfolgsfaktoren in der Zusammenfassung 10:**
Häufig wird beim bezahlten Suchmaschinen-Marketing ein Punkt vernachlässigt, der beim Endkunden aber als erstes aufschlägt und damit für den ersten Eindruck extrem wichtig ist. Was ist gemeint?

**32 Wie geht es weiter?**
Sie haben in diesem Frage-Antwort-Programm einige Bausteine von professionellem Suchmaschinen-Marketing kennengelernt. Möchten Sie Ihre Kenntnisse vertiefen? Oder sehen Sie direkten Beratungsbedarf für konkrete Fragestellungen in Ihrem Unternehmen?

**25**

Es sind hierbei rund 10 Kriterien zu beachten: Keyword Prominence, Keyword Proximity, Keyword Frequency, Keyword Density, Hervorhebungen des Keywords, Keyword im Linktext (bei internen und externen Links!), Keyword im Domainnamen, in bestimmten HTML-Tags sowie in Verzeichnis- und Dateinamen.

**26**

Um die Linkpopularity zu testen steht z. B. unter www.checkyour-linkpopularity.com ein kostenloser Software-Download zur Verfügung. Um festzustellen, welche Seiten konkret auf Ihre Website verlinken (= sog. Backlinks), können Sie www.suma-tools.de/backlink-check einsetzen.

**27**

Die drei wichtigsten Anbieter - GoogleAdWords, Yahoo! Search-Marketing und MIVA - bedienen alle eine Vielzahl sogenannter Netzwerkpartner. Wenn Sie beispielsweise über Google AdWords eine Anzeige buchen, erscheint diese unter anderem bei T-Online, Freenet.de, Bild.de, Ciao.com oder Capital.de.

**28**

Google Analytics ist ein leistungsstarkes Analysepaket mit umfangreicher Funktionalität, das von Google seit 2006 kostenlos zur Verfügung gestellt wird. Damit lassen sich neben den Leistungswerten von AdWords-Kampagnen auch zahlreiche weitere Webanalysen abrufen.

**29**

Suchmaschinen können nur Text lesen, nichts anderes! Eine Website, die komplett in Flash programmiert ist, ist daher für die Spider wertlos. Eine Flash-Website hat es daher beim Ranking sehr, sehr schwer.

**30**

Der Internetauftritt sollte regelmäßig überprüft und angepasst werden, da sich die Kriterien der Suchmaschinen stetig ändern. Und im bezahlten Suchmaschinen-Marketing ist eine permanente Überprüfung des Kampagnenerfolgs unerlässlich, um ggf. Keyword-Auswahl, Anzeigentexte und Budgets anzupassen.

**31**

Der vierzeilige Anzeigentext! Verfassen Sie deshalb ansprechende, zum Handeln auffordernde Anzeigentexte! Und testen Sie verschiedene Textvarianten. Die, die schlechte Leistungswerte aufweisen, werden abgeschaltet. Die, die besonders gut funktionieren, werden weiterhin geschaltet.

**32**

Laden Sie sich bei www.studymobile.de/business mein Programm „Professionelles Suchmaschinen-Marketing" auf Ihren Rechner/ Ihr Handy. Oder buchen Sie eine individuelle Beratung/einen firmeninternen Workshop: detzel@detzel-marketing.de. Immer für Sie da: www.studymobile.de

*...und die Lehrerseele spannt weit ihre Flügel aus...*

# Wohlfühlpaket

Lehrerinnen und Lehrer haben es nicht leicht. Sie erhalten nicht die Achtung, die sie verdienen und benötigen. Sie unterrichten in Schulen, die teilweise so heruntergekommen sind, dass sich die Bürger schämen müssten, würden sie das sehen.

Damit sich das ändert, gibt es www.adz-netzwerk.de. Ein Zusammenschluss engagierter Schulen, Unternehmen, Lehrerinnen und Lehrer, die zeigen wollen und können, dass es anders geht.

Wenn Sie es satt haben, in Sonntagsreden zu hören, dass in Deutschland in der Mitte Europas Bildung der einzige Rohstoff sei, den wir hätten und in den man investieren müsse, dann werden Sie Mitglied am **Netzwerk Archiv der Zukunft**.

Wenn Sie die **Stiftung Civil-Courage** in ihrem Ziel unterstützen wollen, dass jedes Jahr in jeder Schule eine Person aus dem Umfeld der Schule (Schüler, Lehrer, Eltern, Umfeld) für Civil-Courage ausgezeichnet wird, dann besuchen Sie die Stiftung auf www.civil-courage.net.

Wenn Sie neue Wege im **Bildungsmarketing** gehen wollen, klicken Sie auf www.netzwerk-schule.de. Und wenn Sie Lehrer sind, werden Sie VIT. VITs sind Very Important Teachers. Kolleginnen und Kollegen, die jedes Jahr zweimal *Die Etwas andere Bildungsmesse in Stationen* im Lehrerzimmer eröffnen.

Sie erhalten zu Ihren Händen zum Schuljahresbeginn und zum Start in das zweite Schulhalbjahr ein Wohlfühlpaket. Im ersten Wohlfühlpaket (September 2009) streichelten die Lehrerseele:

- Je ein Päckchen schwarzer und grüner **Darjeeling-Tee** aus biologischem Anbau und fairem Handel der Teekampagne (www.teekampagne.de). Wahrlich der beste Tee der Welt.

- Eine Flasche mit biologischem **Olivenöl** aus fairem Handel von arteFakt (www.artefakten.net). Das Öl träufelt sich der Lehrer auf sein Pausenbrot und genießt Sonne, Geschmack, Leben.

- Eine **DVD** von FWU zum sorgsamen Umgang mit dem Handy (Strahlenbelastung, Kosten etc.) von www.fwu.de
- Eine **CD** von Netzwerk-Lernen mit Unterrichtsmaterialien zu den Themen Globalisierung, Kinderarbeit, Dritte Welt, Fairer Handel, biologische Produktion und Mikrokredite von www.netzwerk-lernen.de
- Die neuen **Lernbausteine Hubelino** zum haptischen Lernen von www.terzio.de
- Die neue **3-Fächer-Werkhaus-Öko-Lernbox** zum effektiven und schnellen Lernen von www.werkhaus.de und www.lundi-lernen.de
- **Das Lernbüchlein** für Schüler, Eltern und Lehrer von www.lundi-lernen.de
- Die unglaublichen **Pressogramme** von www.prodesign-uk.com.
- Das **Hausaufgabenheft** von www.haefft.de: „Mein erster Timer!"
- Das aktuelle Heft von **Öko-Test**. Gehört in jede Schule. www.oekotest.de
- Die wunderbare **Kampagne der Stiftung Civil-Courage** mit Mitmach-Button von www.button.de, ABC der guten Schule von www.otto.herz.de, der Broschüre „10 Schritte auf dem Weg zur Schule für Civil-Courage" von www.civil-courage.net und einem Sonderdruck der Zeitschrift Junglehrer in der ABJ (www.bllv.de)

Wenn Sie hier mitmachen wollen, schicken Sie eine Mail an frohmut@menze.de.